运动赶走负能量

赫忠慧◎总主编
亓　昕◎编　著

中国人口出版社
China Population Publishing House
全国百佳出版单位

图书在版编目（CIP）数据

运动赶走负能量 / 赫忠慧总主编；亓昕编著. -- 北京：中国人口出版社，2022.1

ISBN 978-7-5101-6780-5

I. ①运… II. ①赫… ②亓… III. ①体育运动－关系－心理健康 IV. ①G804.83

中国版本图书馆CIP数据核字（2019）第233555号

运动赶走负能量

YUNDONG GANZOU FUNENGLIANG

赫忠慧　总主编　　亓　昕　编著

责任编辑　魏　娜
责任印制　林　鑫　王艳如
出版发行　中国人口出版社
印　　刷　小森印刷（北京）有限公司
开　　本　710毫米×1000毫米　1/16
印　　张　9
字　　数　130千字
版　　次　2022年1月第1版
印　　次　2022年1月第1次印刷
书　　号　ISBN 978-7-5101-6780-5
定　　价　39.80元

网　　址　www.rkcbs.com.cn
电子信箱　rkcbs@126.com
总编室电话　（010）83519392
发行部电话　（010）83510481
传　　真　（010）83538190
地　　址　北京市西城区广安门南街80号中加大厦
邮　　编　100054

编 委 会

总主编 赫忠慧

主　编 亓　昕

副主编 佟　巍　韩　京

编　委（按姓氏笔画排序）

王可维　李若白　孟　涵　郭　青

前言

随着经济水平和收入水平的不断提高，体育活动已经走进了很多人的日常生活，成为生活中的一个重要组成部分，成为很多人的一种健康生活方式，经常运动的人大多从中享受到了运动带来的益处，例如，体育活动能够令我们充满活力、身材健美、体质增强等。其实，体育活动除了带来以上生理层面的功能外，还可以用来改善我们心理层面的负面状态，如减少压力、降低焦虑、抵抗抑郁，还可以用体育活动来提高注意力、促进认知能力、逆转大脑老化，甚至用体育活动来影响我们的大脑及神经系统的功能，提升我们的内在幸福感，让我们变得更聪明、更快乐、更健康。

仔细想一想过去的体育锻炼经历，你内心的综合体验和感受，我相信，大多数有过运动经历的体验者能够真切感受到运动前后及过程中内心所产生的某种愉悦感，抑或是畅快感，还有大脑的灵敏性。那么，究竟这些感觉是如何出现的？如何保证每次运动后都能有这种美好的感觉出现？如果还没有运动的意识和习惯，应该怎样从零开始呢？运动项目有很多，我们是否能够更直接地找到有利于我们自身身心健康与发展的某一个或几个？我深知运动对身心健康有益，我也有自己感兴趣的运动项目，却因为各种各样的原因始终无法坚持，有没有什么好的方法能够帮助到我呢？

以上诸多问题，我们将在本书中一一解答，其实，对大多数人来说，我们都可以通过自己喜爱的体育活动，进行更加全面有效的锻炼，利用自己喜欢的运动来激发自身内在的能量，以维护我们身体与精神的平衡及健康。所以，你准备好了吗，让我们带着一颗探秘的心，一起开启运动愉悦身心的奇妙旅程吧！

亓昕

2021 年 12 月

目录

第 一 章

我正常吗？
从现在开始关注心理健康

章节导语

巴甫洛夫指出：“愉快可以使你对生命的每一次跳动，对于生活的每一个印象易于感受，不论躯体还是精神上的愉快都是如此，可以使身体发展和健康。”“一切顽固沉重的抑郁和焦虑，足以给疾病大开方便之门。”所以，你的心情关乎到你的健康，心理健康加上身体健康，才是真正的健康，二者缺一不可。

第一节 “我没生病”可我不愉快：心理健康与身体健康同样重要

世界卫生组织给健康下的定义为：“健康是一种身体上、精神上和社会适应上的完好状态，而不是没有疾病及虚弱现象。”从世界卫生组织对健康的定义中可以看出，它包含了三个基本要素：①躯体健康；②心理健康；③具有社会适应能力。具有社会适应能力是国际上公认的心理健康首要标准，全面健康包括躯体健康和心理健康两大部分，两者密切相关，缺一不可，无法分割。这是健康概念的精髓。

不少人认为生理健康和心理健康是两个没有关系的概念。实际上，这是不正确的。在现实生活中，心理健康和生理健康是互相联系、互相作用的，心理健康每时每刻都在影响人的生理健康。如果一个人长期处于抑郁状态，就会影响体内激素分泌，使人的抵抗力下降，疾病就会乘虚而入。

我国古代的医学著作中也有诸多关于身心关系的描述，如“心者，五脏六腑之主也……故悲哀愁忧则心动，心动则五脏六腑皆摇”，故而心理健康程度会直接影响身体健康水平，而身体不健康的人大多心理也会受到影响。《吕氏春秋·尽数》中指出：“形不动则精不流，精不流则气郁。”因此，运动有益于身体和心理健康，身体与心理是相互依赖不可分割的整体。一方面，健康的心理会促进患病的躯体以较快的速度恢复，不健康的心理状态会导致生理的异常，进而影响身体健康；另一方面，身体不健康、患有躯体疾病或有生理缺陷等都会影响人的心理状态，使之处于焦虑、忧愁、烦恼、抑郁之中，既影响了认知、情感和意志等心理过程，又阻碍了人格的健康发展和人际关系的和谐，最终导致心理上的不健康。身心本就是不可分割的整体，因此，我们在关注身体健康的同时，还要注重心理健康问题，二者相辅相成、相互促进，逐渐形成一种良性循环，才会使我们的整体身心状态不断完善圆满。

案例分析

健康的心理状态对身体健康的影响

一位女患者不断地描述自己正在经受最剧烈的身体疼痛。然而医生却没有发现任何证明她身体疼痛的征象。给她开了一些轻度到中度的止痛药，但患者仍然认为这些药没有任何疗效。于是，在一次治疗中，医生表情严肃地拿来一片巨大的药片，用医用钳夹着并把药片小心翼翼地放入水中，告诫患者应该在嗞嗞声停止后把药水一口一口慢慢喝掉。这一治疗方法有效地制止了这位女患者的疼痛。但是，她并不知道，这只是一片维生素E。

想一想，你是否也有过类似臆想出来的疾患疼痛呢？

第二节　你的不愉快不是“空穴来风”：心理健康的含义与标准

提及心理健康，很多人认为没有心理疾病就是健康，只有去了专科医院的或者服用一些药物的才是心理不健康，反之，不去医院、不吃药的就是心理健康的。而随着亚健康概念的提出，越来越多的人意识到在健康与疾病之间还有一个过渡地带，称为“亚健康”，身处亚健康的状态，如果不加以关注和调理，就会发展成各种疾病，如果加以重视并积极调整，就会重拾健康，因此，健康是一种非恒定的状态，是不稳定的，需要我们自己加以认识和关注，并须持续不断地采取积极的手段与方法来维护自己的身心健康。

那么，什么是心理健康呢？心理健康是一个复杂的概念，其影响因素包括生理、心理和社会文化等方面，因而它既是一种医学现象、心理现象，又是一种社会现象。心理健康是指精神、活动正常，心理素质好。既能过平平淡淡的日子，也能经受各种事件的发生。心理健康体现在社交、生产、生活上能与其他人保持较好的沟通与配合。在生活实践中，正确认识自我，自觉控制自己，正确对待外界影响，从而使心理保持平衡协调，就已具备了心理健康的基本特征。心理健康的理想状态则是保持性格完美、智力正常、认知正确、情感适当、意志合理、态度积极、行为恰当、适应良好的状态。综上，心理健康强调个体内部的协调及其对外界环境的适应，它是指在智力正常的基础上形成的良好的个性心理特质和稳定的情绪表现，是一种能够有效地处理内外关系的良好状态。与心理健康相对应的是心理亚健康以及心理病态。

心理健康从不同的角度看则有不同的含义，衡量标准也有所不同，关于心理健康的衡量标准，不同的心理学流派有不同的观点：精神分析流派强调自我升华的能力；行为主义学派重视从经验中学习的能力；人本主义理论则强调自我实现的重要性，认为自我实现者就是真正心理健康的人；依据生物—心理—社会模式，适应和发展是考察心理健康的立足点；而国际心理卫生学会确立的心理健康标准是身体、智力、情绪反应协调，能较好地适应环境，在人际关系中彼此谦让，有幸福感，在工作和职业中能充分发挥自己的能力，过着有效率的生活。不管是哪种流派，研究者都越来越重视身体与心理的关系，并重新审视体育活动的功能，逐步意识到体育活动的意义和功能不仅在于促进身体健康，还能促进心理健康。

你可以对照如下人体心理健康标准来衡量一下自己的心理是否处于健康状态。

世界卫生组织给出了人体心理健康的 7 条标准

1. 智能良好

智能是人对客观事物的认识能力和运用知识、经验、技能解决问题能力的综合。智能良好体现在两个精神和四种能力上，即科学精神、人文精神和发现问题的能力、认识问题的能力、分析问题的能力、解决问题的能力。

2. 善于协调与控制自己的情感

情感是人对客观事物认识的内心体验的外在反映。人的情感活动具有倾向性，喜怒哀乐都要表现出来。人的情感一定要与外界环境相协调，心情要开朗、乐观。

3. 具备良好的意志品质

意志就是为达到既定目标，主动克服困难的能力。良好的意志具备四个特点。一是目的性，目的要合理；二是要学会调整自己的期望值和心态；三是要培养自己的坚强性和自觉性；四是要培养自己的果断性和自制力。

4. 人际关系和谐

要有一个相对稳定、广泛的人际交流圈；在人际交往中要独立思考，要保持一个独立完整的人格，不要人云亦云，不要盲从；在人际交往中要注意宽以待人，要积极主动，要坦诚。

5. 适应、改造现实环境

适应社会是绝对的，改造社会是相对的，重点是适应。只有在适应的基础上才能进行局部改造。

6. 要保证人格的完整和健康

人格体现在三个方面：一是构成要素要完整，不能有缺陷；二是人格的同一性，不能混乱，生理上的“我”和心理上的“我”必须是同一个人，不能分离；三是要有积极进取的人生观。

7. 心理年龄和生理年龄要适应

一个心理健康的人，其心理特点与所属年龄阶段的共同心理特征是大致相符的。如果生理发育超前、心理发育滞后或心理发育超前、生理发育滞后，那么应对社会生活变化的能力就会受影响，就需要调整自己的状态。

人在不同的年龄阶段有不同的心理健康衡量标准

1. 老年人标准

①充分的安全感。②充分地了解自己。③生活目标切合实际。④与外界环境保持接触。⑤保持个性的完整与和谐。⑥具有一定的学习能力。⑦保持良好的人际关系。⑧能适度地表达与控制自己的情绪。⑨有限度地发挥自己的才能与兴趣爱好。⑩ 在不违背社会道德规范的情况下，个人的基本需要应得到一定程度的满足。

2. 中年人标准

①感觉、知觉良好。判定事物不发生错觉。②记忆良好。能够轻松地记住一读而过的七位数字电话号码。③逻辑思维健全。考虑问题和回答问题时，条理清楚明确。④想象力丰富。善于联想和类比，但不是胡思乱想。⑤情感反应适度。碰到突发事件时处理恰当，情绪稳定。⑥意志坚强。办事有始有终，不轻举妄动，不压抑伤悲，并能经得起悲痛和欢乐。⑦态度和蔼，情绪乐观，能自得其乐，能自我消除怒气，注重自我修养。⑧人际关系良好。乐于助人，也受他人欢迎。⑨学习爱好和能力基本保持不衰。关心各方面的信息，善于学习新知识、新技能。⑩ 保持某种业余爱好，保持有所追求、有所向往的生活方式。⑪ 与大多数人的心理基本一致。遵守公德和伦理观念。⑫ 保持正常的行为。生活自理能力强，能有效地适应社会环境的变化。

3. 青少年标准

①智力正常。②有情绪的稳定性与协调性。③有较好的社会适应性。④有和谐的人际关系。⑤反应能力适度与行为协调。⑥心理年龄符合实际年龄。⑦有心理自控能力。⑧有健全的个性特征。⑨有自信心。⑩ 有心理耐受力。

4. 儿童标准

①良好的生活习惯，包括饮食、睡眠、运动、言行等方面。具有一定的自尊心、自信心和自控能力，在日常生活中基本能保持平和、乐观、谦

让、乐于助人等正常人格。②正常的智力。孩子的智力水平是有差异的，只要基本符合该年龄阶段的智力发展水平，便属正常，这可从语言、想象力和思维能力等诸多方面来测定。③正常的心理素质。无过分畏惧、惊恐、焦虑表现，喜怒哀乐形诸于色，活泼大方、尊重他人，具有一定的适应能力。④较强的好奇心和记忆力。具有较强的好奇心和记忆力，尤其是对自己感兴趣的东西，会更显得好奇兴奋、念念不忘。⑤善于与人交往。善于与同龄人交往。在交往的过程中能与人平等、友好、和谐地相处，无猜忌，无严重的忌妒心理，无明显的凌弱欺小行为等。

第三节 最绿色的解决方案——运动：体育活动能够促进心理健康

当前，人们生活压力大，生活环境不容乐观，生活方式有悖自然法则，造成了各种各样的身体及心理的疾病，或是处于心理亚健康的状态，身体的亚健康状态相对容易发现，心理的亚健康状态则较难发现并且不受重视。

大多数人每天所做的工作不再是简单的重复性劳动，而是需要更多的技巧去完成，需要不断地自我学习和与他人交流，每天的生活也不再是“日出而作、日落而息”，从工作环境到家庭环境，人们所面临的问题和要解决的问题越来越多，人在这种复杂的生存环境中极易产生心理的失衡，试想我们谁没有发过牢骚、急躁愤怒、消极悲观、没精打采、缺乏兴致、自我苛责或心情抑郁的时候呢？这些情绪的长期存在或不断累积，最终必然导致各种心理疾病的出现。

那么，如何预防或减少类似心理问题的出现呢？研究发现，体育活动不仅可以增强体质、预防疾病、提高生命质量，而且与心理健康之间存在着一定的关系。体育活动是一种疗效甚佳的预防和辅助治疗手段，不仅能够降低抑郁、减少焦虑、有效减压、提高主观幸福感，还可以帮助我们塑造完全人格、提高认知能力、增加专注力，乃至促进大脑健康。

美国约翰·霍普金斯大学博士后神经学家坎迪斯·珀特研究发现，人的大脑内存在阿片受体。这表明，身体有一个内在的“止痛机制”，其效果就像吗啡。就像人们逐渐认识到的，内啡肽能减轻身体的疼痛，同时在心理上产生欣快感。内啡肽被视为压力激素，在剧烈运动期间，能够镇静大脑并缓解肌肉疼痛。研究人员发现，运动让大脑充满吗啡样物质的理论与每个人得到的欣快感正好匹配。因此，想时常拥有愉快的心情就需要适当的、有规律的运动，即有计划、有规律、重复性地进行以发育身体、增进健康、增强体能为目的的体育活动。

在本书接下来的章节中，我们将要解决两大问题：一是为什么体育活动能够“健心”？二是如何用体育活动“健心”？本书编者会从理论注释和案例分析的角度，阐释体育活动能为我们解决心理问题所提供的帮助，让读者了解体育活动为什么能够起到促进锻炼者心理健康的作用，然后，从体育活动给锻炼者带来的不同“健心”功能的角度，提供各种简单的、短期或长期的“健心”方案，帮助读者对锻炼项目进行有效选择，希望阅读本书的读者能够根据本书所提供的方法和建议，制订出适合自己的短期及长期锻炼计划，以促进身心全面健康发展。

第二章

训练我们的意志力，过我们真正想要的生活

章节导语

心理学家指出，大部分人做决定的时候根本意识不到自己为什么做决定，也没有认真考虑这样做的后果。甚至有时根本意识不到自己已经做了决定，然后在后悔不迭中不断自责。意志力是人与动物的根本区别之一，大脑一旦失去了意志力，仅凭冲动系统和本能系统发布命令，指挥我们的行为，后果是相当可怕的。为了减少犯错、减少后悔、减少更多的负面情绪出现，我们有必要在不良后果发生之前，尝试加强意志力训练，增强大脑自控系统的功能作用。选择合适的体育活动进行锻炼，有助于这一能力的增强。

第一节　意志力会帮助你确定究竟什么是“我想要”

大多数人觉得自己意志力薄弱——自控力只是一时的行为，而力不从心和失控却是常态。所谓意志力，就是控制自己的注意力、情绪和欲望的能力。我们知道，意志力会影响一个人的身体健康、经济安全、人际关系和事业成败。很多人觉得让自己和他人失望了，因此内心充满愧疚。另一些人觉得，自己被想法、情绪和欲望支配着，一时冲动而非审慎抉择了自己的生活。即便是自控力很强的人，也觉得掌控生活是件令人筋疲力尽的事。我们可能常常会问，生活真的需要如此艰难吗？

每个人的意志力都是与生俱来的，但有些人的意志力更强。无论从哪个方面看，能够更好地控制自己的注意力、情绪和欲望的人，会活得更幸福。他们的生活更快乐、身体更健康、人际关系更和谐、恋情更长久、收入更高、事业也更成功。他们能更好地应对压力、解决冲突、战胜逆境。顽强的意志力是一个人突出的优点。自控力比高智商更有助于拿高分，比个人魅力更有助于领导别人，比同理心更有助于维持婚姻幸福。如果想让生活变得更美好，那就从提高意志力入手吧！

意志力是由大脑的哪个区域负责的呢

随着人类不断进化，大脑额叶皮质逐渐扩大，并和大脑的其他区域联系得越来越紧密。人脑中额叶皮质所占的比例比其他物种大很多。额叶皮质位于额头和眼睛后面的神经区，它主要控制人体的运动，如走路、跑步、抓取、推拉等，这些都体现自控能力，额叶皮质扩大后，就有了新的功能。它能控制我们去关注什么、想些什么，甚至影响我们的感觉。这样一来，我们就能更好地控制自己的行为。额叶皮质分为三个区域，分管

“我要做”“我不要”“我想要”三种力量。左边区域拥有“我要做”的力量，它能帮你处理枯燥、困难或充满压力的工作；右边区域拥有“我不要”的力量，它能克制你的一时冲动；第三个区域位于额叶皮质中间靠下的位置，它会记录你的目标和欲望，决定“我想要”，这个区域的细胞活动越剧烈，你采取行动和拒绝诱惑的能力就越强，即使大脑的其他部分一片混乱，这个区域也会记住你真正想要的是什么。

案例分析

1848年，铁路领班工人盖奇25岁。雇主称他为最好的领班，工友们尊敬他、喜欢他，家人朋友都觉得他既安静又受人尊重。医生认为，他是个意志力顽强、身体健壮的人，“拥有钢铁般的意志力和体魄”。

9月13日下午4点半，一切都变了。当时，盖奇和工友正在用炸药清理拉特兰郡到伯灵顿铁路的佛蒙特州路段。这样的事他们做过无数次，但这次出了岔子。炸药提早爆炸了，冲击波带着钢筋插进了盖奇的头骨，刺穿他的左脸，穿过他的额叶皮质。

盖奇没有横尸当场，奇迹般地生还了。目击者称，他甚至没有昏过去。工友把他抬到车上，走了大约1千米把他带回住所。医生尽全力为盖奇包扎，从事发地点取回来一大块头盖骨，对他进行了头骨复原，并用头皮盖住了伤口。

两个月后，盖奇的身体机能恢复了并重新开始工作。盖奇说自己“哪里都挺好的，一点都不疼了”，这听上去不错。不幸的是，盖奇的悲剧并未到此结束。他的外伤是痊愈了，但他的大脑却发生了奇怪的变化。朋友和工友都表示，他的性格大变。

医生记录了盖奇的变化：他经常粗鲁地侮辱别人（他以前不是这样的），总想去控制别人，极少顺从他人。如果你限制他或是和他意见相左，他就会失去耐心。我设计了很多未来的康复计划，但还没来得及实施就不得不放弃了。从这个角度看，他的性情发生了180度大转变。

换句话说，当盖奇失去额叶皮质的时候，他也失去了“我要做”“我不要”和“我想要”的力量。钢铁般的意志力看似他性格中不可动摇的一部分，却被那根刺穿头骨的钢筋击碎了。

大部分人不用担心爆炸会夺走自己的意志力。但我们多少有一点盖奇的影子。额叶皮质并非始终可靠，醉酒、缺觉、分心等都会影响它，使我们无法控制自己的冲动。虽然灰质还好端端地待在大脑里，但我们和盖奇已经没什么两样了。即使我们的大脑精力充沛、足够清醒，也不是不存在危险。我们有能力去选择“更难的事”，也会冲动地去做“容易的事”。我们需要阻止这种冲动，但冲动本身也是一种想法。

发现“我想要”的力量：给意志力最强的动力

当你的意志力告急时，你可以挖掘你的“我想要”的力量，让自己恢复能量。面对你最大的意志力挑战时，你可以考虑以下动机。

如果挑战成功，你会收获什么？你个人会有什么回报？你会更健康、更幸福、更自由、更有钱，还是更成功？

如果挑战成功，还有谁会获益？你的选择会影响到他们。你的行为会如何影响你的家人、朋友、同事、雇主或雇员、街坊邻居？你的成功会怎样帮到他们？

如果你现在愿意做困难的事，那么一段时间后，这个挑战将会变得容易。你能想象出，如果你在这个挑战中取得进步，你的生活会是什么样子，你自己会变成什么样子吗？如果你知道你还有更大的进步空间，现在的不适是不是变得值得了呢？

问问自己，以上哪种动力最能让自己坚持下去。你愿不愿意为了别人，而不是为了自己，去做那些困难的事？是对未来的憧憬，还是对命运的恐惧，推动你前进？当你发现了自己最重要的“我想要”的力量，发现了你脆弱时给你力量的东西之后，只要你觉得自己在诱惑前将要放弃的时候，就想想这个动力。

抑制吃甜食冲动的小技巧

当你看到橱窗中造型漂亮、香味四溢的蛋糕，口中开始分泌唾液，产生强烈的想要把它吞下去的欲望的时候，闭上眼睛，深呼吸 5 次，转身看着其他地方或者继续闭着眼睛，做清凉呼吸功或嘶式练习 10 次。

清凉呼吸功：张开双唇，舌头向外伸长，两边向中间卷起呈管状，向内吸气，然后收回舌头，闭合双唇，用鼻子呼气（图 2–1）。

嘶式练习：将牙齿轻轻咬合，双唇微微张开，嘴角向后拉起，用嘴巴向内吸气，然后闭合双唇，用鼻子呼气（图 2–2）。

接下来，你就带着饱腹感轻松地离开吧！

图 2–1　清凉呼吸功

图 2–2　嘶式练习

第二节　压力与意志力是一对天敌

压力最普遍的征兆是神经质、焦虑和紧张感增加。许多人有紧张性头痛，有些人说他们的压力表现为对他人的愤怒，还有些人说压力导致疲倦或抑郁，其他压力症状包括肌肉疼痛、胃痛、沮丧、失眠、强迫性进食或失去食欲、挫折感明显、哭泣、呼喊和尖叫等。这些症状有许多是躯体应激反应的一部分，即我们不能控制的、自动的、内在的反应。研究表明，处于压力中的个体会更容易罹患心脑血管疾病和流感，并且对流感疫苗的反应不佳。

压力与意志力都会消耗人体的能量，在有限的人体能量储备中，可以说二者是一对天敌。压力过大会影响身体健康。如果一个人长时间处于压力状态下，身体就会不停地把能量转移到应对突发状况上。而人体的能量有限，一部分需要应对消化、繁殖、治愈创伤、对抗疾病等长期需求，一部分需要应对突发状况，如果长期处于压力中，大脑就会不停地识别外在威胁，身心会始终处于高度紧张、冲动行事的状态中，从而不断地消耗能量，最终这种慢性压力会促使心血管疾病、糖尿病、慢性背痛、不孕不育和感冒等疾病的发病率升高。

你现在的压力有多大？是否会影响到你的正常生活？先来看看你的压力值吧（表 2–1）！

表 2-1 压力知觉量表（CPSS）

下面的问题是针对你近 1 个月来对某些事情的感受和看法，请你根据实际情况认真选择。

问题	选项				
	从来没有	极少有	有时有	经常有	很多
1. 为一些预料之外发生的事情感到不安?	1	2	3	4	5
2. 感到不能控制生活中的重要事情?	1	2	3	4	5
3. 感到紧张和压力?	1	2	3	4	5
4. 能成功地处理生活中令人烦恼的事情?	5	4	3	2	1
5. 感觉能有效地处理生活中发生的重要变化?	5	4	3	2	1
6. 有信心处理好自己的问题?	5	4	3	2	1
7. 有信心使事情按照自己的意愿发展?	5	4	3	2	1
8. 发现不能完成自己所必须要做的事情?	1	2	3	4	5
9. 能够解决生活中令人不快的事情?	5	4	3	2	1
10. 感觉到能够控制自己的生活?	5	4	3	2	1
11. 为发生了一些自己无法控制的事情而感到气愤?	1	2	3	4	5
12. 发觉自己在惦记一些必须完成的事情?	1	2	3	4	5
13. 感觉能够安排好自己的时间?	5	4	3	2	1
14. 感觉问题在不断地升级而不能得到解决?	1	2	3	4	5

计分方法：将所选分数相加，计算总分并减去 14，得到最终分数。得分小于 25 分则为低压力知觉，得分大于等于 25 分则为高压力知觉。

运动减压案例

2004 年，美国研究者发现，使用公司健身房锻炼的员工工作效率更高，处理工作压力也更加得心应手。在被调查的人群中，大部分人在午餐时间进行 0.75～1 小时的有氧健身操练习，而另一些人则进行 30 分钟左右的举重或瑜伽练习。被调查者每天下班后会填写问卷，内容包括与同事交流程度、时间管理、按时完成工作的进展。结果发现，如果当天进行过锻炼，65% 的人在这三方面会做得更好。

运动减压方案

1. 在相对封闭的电脑机房工作的 IT 族

推荐运动：登山。

理由：IT 族终日被电脑散发的混浊气体和辐射困扰，头脑昏沉，如果周末还泡在健身房里，你那久未呼吸到新鲜空气的皮肤和身体都会向你发出强烈的抗议。建议周末去登山，让自己置身于大自然中，尽情呼吸，痛快流汗，把一周的烦闷和疲劳通通丢掉。

健身效果：登山是极佳的有氧运动，可以促进新陈代谢，加速血液循环，还可以提高耐力和腿部力量，增强心肺功能。

2. 长时间坐在办公室里的女性

推荐运动：逛街。

理由：这是最受女性欢迎的休闲方式之一，也是一种很好的有氧运动，与健身房里枯燥的器械训练相比，逛街不仅让女性在不知不觉中锻炼了身体，还愉悦了心情，是两全其美的健身方法！

健身效果：女性逛街是身心皆宜，既能锻炼身体又能愉悦心情。

3. 缺少运动，对身材不满意，又管不住自己嘴巴的美眉

推荐运动：普拉提。

理由：这项运动对减肥、改善形体有很好的效果，它让那些下决心减肥却又禁不住美食诱惑的人看到了希望。普拉提既注重身体肌肉和机能的训练，又强调练习时的身心统一，每个姿势都要和呼吸配合，而且它比瑜伽更简单，易于掌握，运动强度也比瑜伽稍高。

健身效果：既有针对手臂、胸部、肩部的练习，又有腰腹部和背部的力量练习，还能增强身体的柔韧性。

4. 内心积郁不满，总想发火的人

推荐运动：净化呼吸。

练习方法：立姿，两脚分开与肩同宽，直臂绕环肩关节，向前向后分别绕环 10 圈。用鼻子做深吸气，同时将两臂缓慢经体侧平举至上举。待充分吸气后（两臂恰成上举），两臂急速下放似“挥砍”，张口呼气的同时高喊一声“哈”，做 5 次。

健身效果：有助于消除精神紧张，并能使长期积郁在肺部的浊气排出。

第三节　意志力是一种不断进化的能力

集中注意力、权衡目标、缓解压力、克制欲望等这些脑力工作都需要身体能量应对。自控也需要大量能量，很多科学家认为，长时间的自控就像慢性压力一样，会削弱免疫系统的功能，增加患病的概率。适度的压力是有意义的，是健康生活不可缺少的一部分，适当的自控也是必需的。但正如慢性压力会影响健康一样，试图控制所有的思想、情绪和行动也是一

剂毒药，会给人带来过重的生理负担。

美国佛罗里达州立大学的心理学家罗伊·鲍迈斯特，是第一位系统观察和测量意志力极限的科学家。他的研究发现，无论给被试者布置怎样的任务，人们的自控力总会随着时间的推移而消失殆尽。自控力就像肌肉一样有极限，它被使用之后会渐渐疲惫。

鲍迈斯特实验室和其他研究团队都证明了意志力是有极限的。试图控制你的脾气、按照预算支出、拒绝成为第二名，都是从同样的来源获得能量。试图打动约会对象、融入一家企业文化和你价值观不符的公司、在糟糕的路况中上下班，或者是干坐着熬过无聊的会议，都是如此。每当你试图对抗冲动的时候，无论是避免分散注意力、权衡不同的目标，还是让自己做些困难的事情，你都或多或少使用了意志力。甚至很多微小的决定也是这样，例如在超市的 20 多个牌子里挑出你想要的洗发水。如果你的大脑和身体需要停下来思考一下再做决定，你就是在像拉伸肌肉一样使用有极限的自控力。

每次使用意志力都会有消耗，所以自控力可能会减弱。以下是一个典型失控的例子，你的生活中是否也出现过如下场景。

工作时忍着不闲聊、不看手机、不看工作以外的信息网站，午间休息时你难以抵挡食品柜里甜点的诱惑。即使你拒绝了那份诱人的提拉米苏，你也会发现，回到办公桌后很难集中精力做事。当你开车回家的时候，旁边车道的讨厌鬼因为看手机差点撞上你，那时，你一下子爆发出来，你隔着窗户朝他大喊：“看路啊！”

用合理方法克服意志力枯竭

虽然意志力是有极限的，但是我们能通过一些方法克服意志力枯竭，同时提高自控的能力。下次，当你感觉到意志力枯竭时，你可以选择以下两种方法来克服。

（一）吃块糖来恢复意志力

从生理指标看，自控是所有大脑活动中耗能最高的一项，经研究发现，血糖含量的变化预示了大脑分配给自控力的能量的增与减。突然增加的糖分会让你在短期内面对紧急情况时有更强的意志力。而当血糖分大幅度降低时，意志力也会被削弱，导致无法完成既定任务。似乎能量不足让我们变得更糟糕，相反，给被试者一块糖就能让他们进入最好的状态，变得更有毅力、更不容易冲动、更体贴、更关心他人。但从长远来看，过度依赖糖并不是自控的好方法。

（二）通过呼吸实现自控

快速提高意志力的方法：将呼吸频率降低到每分钟 4～6 次，也就是每次呼吸用 10～15 秒时间，比平常呼吸要慢一些。放慢呼吸能激活额叶皮质、提高心率变异度，有助于你的身心从压力状态调整到自控状态。这种方法训练几分钟之后，你就会感到平静、有控制感，能够克制欲望，迎接挑战。

先计算你平时的呼吸频率，然后放慢呼吸，但不要憋气（这样只会让你更紧张）。对大多数人来说，放慢呼气速度很容易，因此，请专注于缓慢地、充分地呼气。充分地呼气让你能更加充分地吸气。如果你无法每分钟呼吸 4 次，那也别担心。当下降到每分钟 12 次以下时，心率变异度就会稳步提高。研究表明，坚持这个练习能增加你的抗压性，帮助你做好意志力储备。只要做 1～2 分钟的呼吸训练，就能提高你的意志力储备。所以，当你面临意志力挑战的时候，可以尝试这种方法。

意志力是一种不断进化的能力

在过去 10 年里，神经学家发现，人脑像一个求知欲很强的学生，对经验有着超乎大家想象的反应。如果你每天都让大脑学数学，它就会越来越擅长数学。如果你让它忧虑，它就会越来越忧虑。如果你让它专注，它就会越来越专注。你的大脑会根据你的要求重新塑型。就像通过锻炼能增加肌肉力量一样，通过一定的训练，大脑中某些区域的密度会变大，会聚集更多的灰质。大脑中某些区域的联结会更加紧密，以便更快地传递信息。如果成年人坚持每天玩25分钟记忆力游戏，大脑里控制注意力和记忆力的区域就会联结得更紧密。你可以通过脑力训练，增强自控力。

锻炼是增强自控力的良药。对起步者而言，锻炼对提升意志力的效果是立竿见影的。15分钟的跑步机锻炼就能降低巧克力对节食者、香烟对戒烟者的诱惑。锻炼的长期效果更加显著。它不仅能缓解日常压力，还能在一定程度上抵抗抑郁。最重要的是，锻炼能提高心率变异度的基准线，从而改善自控力的生理基础。神经生物学家发现，刚开始锻炼的人的大脑里会产生更多的细胞灰质和白质，其中，白质能迅速、有效地连通脑细胞。锻炼身体能让你的大脑更充实、运转更迅速，额叶皮质则是最大的受益者。

运动关键词：心率变异度

心率变异度（Heart Rate Variability，HRV）是指心率节奏快慢随时间所发生的变化，又称心律波动，指的是连续心跳间瞬间心率的微小涨落或相邻R波间的微小涨落。在实际分析中是采用R波间期来表示HRV。

心率变异度能反映压力状态和平静状态下不同的身体状态。当人们感到压力时，交感神经系统会控制身体。这种生理学现象让你能够战斗或者逃跑。心率升高，心率变异度就会降低。此时，由于伴随应激反应产生的焦虑或愤怒，心率会被迫保持在较高的水平上。相反，当人们成功自控的时候，副交感神经系统会发挥主要作用，缓解压力，控制冲动行为。心率降低，心率变异度便会升高。此时，人们能更好地集中注意力并保持平静。

心率变异度也能很好地反映意志力的程度。你可以用它推测谁能抵抗住诱惑，谁会屈服于诱惑。研究发现，心率变异度较高的人能更好地集中注意力、避免及时行乐的想法、更好地应对压力。他们在困难面前更不容易放弃，即便他们一开始就遭到了失败或得到了消极评价。心理学家把心率变异度称为身体的意志力储备，也就是一个衡量自控力的生理学指标。如果你的心率变异度高，那么无论在任何诱惑面前，你的意志力都会更强。

通过科学训练可以突破意志力极限

我们不可能每次需要自控力的时候，喝一杯糖水或者做几分钟呼吸，大多数时间我们是下意识地去完成或放弃一些自控行为，那么意志力的局限性是否无法突破呢？答案是否定的。开普敦大学研究锻炼和运动科学的教授蒂莫西·诺克斯和他的同事们试图通过查阅资料发现耐力运动员在极限状态下的身心情况，他们发现，运动员的肌肉没有任何生理上的疲惫感，但他们的大脑却告诉肌肉停下来。大脑感觉到了不断加快的心跳速度和快速减少的能量供应，便对身体喊了“暂停”。同时，大脑产生了强烈的疲惫感，但这和肌肉能否继续工作毫无关系。这个理论告诉我们，疲惫只不过是大脑产生的某种反应，好让我们停下来。但因为疲惫是一种预先警报系统，所以极限运动员能不断突破常人眼中的身体极限。这些运动员知道，第一波疲惫感绝对不是自己真正的极限，只要有了足够的动力，他们就能挺过去。

斯坦福心理学家也发现，至少在实验室里设置的一般性意志力挑战中，这些耐力运动员并没有出现预测的那种自控力衰竭。没有哪个人会认为人类的自控力是无限的，但是知道我们的意志力比想象中多得多，的确令人开心。或许我们也可以像运动员一样，挺过意志力消耗殆尽的感觉，冲过意志力挑战的终点。因此，如果我们想不断提高、突破自己的意志力，还需要像训练肌肉一样训练我们的意志力，像耐力运动员那样去训练，去提升我们的极限，但要一步一个脚印地去做。

合理饮食有助提高意志力

大多数心理学家和营养学家推荐低糖饮食，因为它能让你的血糖稳定。低糖食品包括瘦肉、蛋白、坚果和豆类、粗纤维谷类和麦片、大多数的水果和蔬菜。基本上，只要是看起来处于自然状态的食物，以及没有大量添加糖类、脂肪和化学物品的食物都可以。做一点饮食上的调整，哪怕是一点点改善，如每个工作日都吃一顿丰盛健康的早餐，而不是什么都不吃；吃零食时选择坚果，而不是选择糖果，你获得的意志力就会比你消耗的多。

第四节　增强意志力很简单：5 分钟冥想和好好睡上一觉

想增强意志力，冥想是一个不错的选择。神经学家发现，如果你经常冥想，你的大脑不仅会变得擅长冥想，还会提升你的自控力，提升你集中注意力、管理压力、克制冲动和认识自我的能力。一段时间之后，你的额叶皮质和影响自我意识的区域里大脑灰质会增多，意志力就会得到提高。

研究发现，经过冥想练习，人们的注意力和自控力会有大幅度提高。持续数小时后，研究人员已经能观察到大脑的变化。刚学会冥想的人大脑里负责控制注意力、排除干扰、控制冲动的区域之间增加了许多类神经元。另一项研究发现，持续一段时间的日常冥想训练可以提升人们日常生活中的自我意识，相应大脑区域里的灰质也会随之增多。

我们的大脑能够如此迅速地重塑自己，这听起来有点惊人。但你可以这样理解，冥想让更多的血液流进额叶皮质，就像提重物能让更多的血液濡养肌肉一样。人脑在接受锻炼方面和肌肉没什么区别，它会变得更强壮、更迅速，以便满足你的需要。所以，如果你准备好了要训练你的大脑，以下冥想技巧会很有用，能充分挖掘你的大脑潜能。

每天5分钟训练大脑冥想

专心呼吸是一种简单、有效的冥想技巧，它不但能训练大脑，还能增强意志力。它能减轻你的压力，指导大脑处理内在的干扰（如冲动、担忧、欲望）和外在的诱惑（如声音、画面、气味）。

让我们开始吧。

1. 原地不动、安静坐好

坐在椅子上，双脚平放在地上，或盘腿坐在垫子上。背挺直，双手放在膝盖上。冥想时一定不能烦躁，这是冥想的基本保证。如果你想挠痒的话，可以调整一下胳膊的位置，腿交叉或伸直，看自己是否有冲动但能克制。简单的静坐对于冥想训练至关重要。你将学会不再屈服于大脑和身体产生的冲动。

2. 注意你的呼吸

闭上眼睛。要是怕睡着，你可以盯着某处看，如盯着一面白墙，但不要看电视节目。注意你的呼吸，吸气时在脑海中默念“吸”，呼气时在脑海中默念“呼”。当你发现自己有点走神的时候，重新将注意力集中到呼吸上。这种反复的注意力训练，能让额叶皮质开启高速模式，让大脑中处理压力和冲动的区域更加稳定。

3. 感受呼吸、弄清自己是怎么走神的

几分钟后，你就可以不再默念“呼”“吸”了。试着专注于呼吸本身。你会注意到空气从鼻子和嘴巴进入及呼出的感觉，感觉到吸气时胸腹的扩张和呼气时腹部的收缩。不再默念“呼”“吸”后，你可能更容易走神。像之前一样，当你发现自己在想别的事情时，重新将注意力集中到呼吸上。如果你觉得很难重新集中注意力，就在心里多默念几遍“呼”和“吸”。这部分训练能锻炼你的自我意识和自控能力。

刚开始的时候，你每天锻炼5分钟就行。习惯成自然之后，请试着每天做10～15分钟。如果你觉得有负担，那就减少到5分钟。每天做比较短的训练，也比把比较长的训练拖到第二天好。这样，你每天都会有一段

固定的时间冥想，如早晨洗漱之前。如果你做不到，可以对时间进行适当的调整。

睡个好觉，增强意志力

睡眠不足会影响意志力。睡眠不足会影响身体和大脑利用葡萄糖，而葡萄糖是能量的主要存储方式。当你疲惫的时候，你的细胞无法充分利用血液中的葡萄糖。细胞没能获得足够的能量，你就会感到疲惫。你的额叶皮质同样急需能量，能量短缺会造成严重后果，遇到普通的压力都会反应过度。这样，身体就会一直处于应激状态中，会释放大量的压力激素，使心率变异度显著降低。结果就是，你的压力越来越大，自控力越来越差。

好消息是，如果睡眠不足的人补上一个好觉，他的额叶皮质就会恢复如初。研究不良嗜好的科学家已经开始用睡眠治疗药物滥用的患者。在一项研究中，每天 5 分钟的冥想训练帮助患者恢复了睡眠，让他们每天的有效睡眠时间增加了 1 小时，这就大大降低了他们旧病复发的概率。

如果你现在缺乏睡眠，有很多方法能帮助你恢复自控力。即使你不能每晚都连续睡 8 小时，做一些小调整也会起到明显的效果。

第三章

运动是抵抗抑郁的良药

章节导语

焦虑、抑郁已经成为现代社会相当普遍的一种情绪现象，给人们的工作、生活带来了很多的困扰与麻烦，有些情况严重得甚至发展成了心理疾病，如抑郁症。美国健康和人类服务中心的研究报告（1996）指出，体育活动对情绪状态有改善作用，会减少焦虑和抑郁程度。Thayer（1994）研究发现，体育活动是其所研究的10种行为中对情绪进行自我调节最有效的方法。体育活动调节情绪的优势表现在两个方面：体育锻炼行为是人们调节情绪的最自然的选择；体育活动的情绪调节方式是一种建设性的行为。

第一节 你经常情绪低落吗：抑郁症的解读

抑郁被称为心理障碍中的感冒。换句话说，抑郁是十分普遍的。抑郁有许多形式。在许多情况下，人们只经历轻微或者中等程度的抑郁，如活力下降、对进餐等日常活动失去兴趣、感到不满足、时常哭泣，以及悲观的态度。因此可以继续其日常活动。据统计，大学生有 3/4 在大学期间表现出一些抑郁症状。大约一半学生的抑郁症严重到需要寻求专业人士的帮助。重度抑郁症患者的许多症状和轻度的相同，但是更加严重且时间更长久。在某些情况下，严重的抑郁可能包括精神病的特征，如错觉和幻觉。这种情况通常会影响日常生活，在某些情况下，一段时间的住院和药物治疗是必要的。重度抑郁症可以发生在任何年龄层。

根据世界卫生组织的预测，到 2020 年，抑郁症将成为位列世界第二的高发疾病。同样，根据世界卫生组织的统计，在美国和加拿大，抑郁症是人们丧失行为能力的首要原因，超过了冠心病、癌症以及艾滋病。74% 的抑郁症患者还伴有其他某种障碍，包括焦虑症、滥用药物以及痴呆症。

第五版《精神疾病诊断与统计手册》列出了抑郁症的 9 大症状。如果你有其中的 6 种，就可诊断为抑郁症。如果你仅有其中的 4 种，严格地讲，你并没有得抑郁症。但你感觉并不舒服，实际上具有了抑郁的倾向，那么，对于每个身处其中的人来说也应彻底消灭这些不良感受，避免自己滑向抑郁症的深渊。可以通过以下量表进行自我测评（表 3–1）。

表 3-1 抑郁自评量表（SDS）

填表注意事项：下面有 20 道题目，每 1 道题目后有 4 个选项，即 A：没有或很少时间（过去 1 周内，出现这类情况的日子不超过 1 天），B：小部分时间（过去 1 周内，有 1～2 天有过这类情况），C：相当多时间（过去 1 周内，有 3～4 天有过这类情况），D：绝大部分或全部时间（过去 1 周内，有 5～7 天有过这类情况)。根据你最近 1 个星期的实际情况在适当的位置进行选择 。

问题	A: 没有或很少时间	B: 小部分时间	C: 相当多时间	D: 绝大部分或全部时间
1. 我觉得闷闷不乐，情绪低沉				
#2. 我觉得一天之中早晨最好				
3. 我一阵阵地哭出来或是想哭				
4. 我晚上睡眠不好				
#5. 我吃的和平时一样多				
#6. 我与异性接触时和以往一样感到愉快				
7. 我发觉我的体重在下降				
8. 我有便秘的苦恼				
9. 我心跳比平时快				
10. 我无缘无故感到疲乏				
#11. 我的头脑和平时一样清楚				
#12. 我觉得经常做的事情并没有变困难				
13. 我觉得不安而平静不下来				
#14. 我对将来抱有希望				
15. 我比平常容易激动				
#16. 我觉得做出决定是容易的				
#17. 我觉得自己是个有用的人，有人需要我				
#18. 我的生活过得很有意思				
19. 我认为如果我死了别人会生活得更好些				
#20. 平常感兴趣的事我仍然感兴趣				

评分原则：题号前未标“#”者，A、B、C、D 分别按照 1、2、3、4

计分；题号前标有“#”者，A、B、C、D 分别按照 4、3、2、1 计分。

计算量表总分，并计算抑郁严重指数 = 总分 / 80

抑郁严重指数为 0.5 以下者，为无抑郁；抑郁严重指数为 0.5～0.59 者，为轻度抑郁；抑郁严重指数为 0.6～0.69 者，为中度抑郁；抑郁严重指数为 0.7 以上者，为重度抑郁。

第二节 运动可以帮你远离抑郁：运动抗抑郁的机制

1990 年，North 与他的同事对 1969～1989 年进行的 80 项关于体育活动对抑郁控制作用的研究进行了元分析。结果表明，一次性体育活动和长期体育活动均能有效地降低抑郁程度，这种作用在需要得到特殊心理照顾的被试者身上体现得最为明显；体育活动既可以降低特质性抑郁（长期的、稳定的），也可以降低状态性抑郁（短期的、波动的）；体育活动既可以降低正常人的抑郁程度，也可以降低精神病患者的抑郁程度；有氧锻炼和无氧锻炼均可以降低抑郁程度；体育活动的持续时间和频率与抑郁程度的降低程度有关；体育活动比放松练习和其他令人愉快的活动更能有效地降低抑郁程度；体育活动可以最大限度地减少药物和心理恢复手段的运用，如果将体育活动与心理治疗相结合，那么所达到的效果会更好。

Dunn 等人对体力活动与抑郁症状之间的关系进行了研究。该实验以 20～45 岁的成年人为受试者，他们被诊断为轻度到中度的抑郁症。实验组每周进行 3～5 天、每千克体重消耗 7kcal 或 17.5 kcal 能量的运动，对照组每周进行 3 天伸展练习。12 周以后，不管每周从事 3 天还是从事 5 天的运动，与基线值相比，医生评价运动量高组的症状减轻 47%，运动量低组则减轻 30%，而对照组为 29%；同时，运动量高组的患者发病率也低于其他组，锻炼效果持续时间较为持久。

Duman 和 Monteggia（2006）提出，应激或抑郁会导致海马、额叶与杏仁核等脑边缘区的神经元萎缩和细胞丢失，并且引起神经营养因子表达下降；相反，使用抗抑郁药物会促进成年海马神经发生以及神经营养因子表达增加，由此提出了抑郁病的神经营养假说。此外，身体锻炼具有促进心理健康的作用，特别是通过体育锻炼能够有效减少临床抑郁症状或实验动物的抑郁行为。以上抑郁病的神经营养假说认为，抑制成年海马神经发生以及神经营养因子的表达是导致抑郁的关键因素；增加成年海马神经发生以及神经营养因子的表达能够产生抗抑郁的作用（图 3-1）。

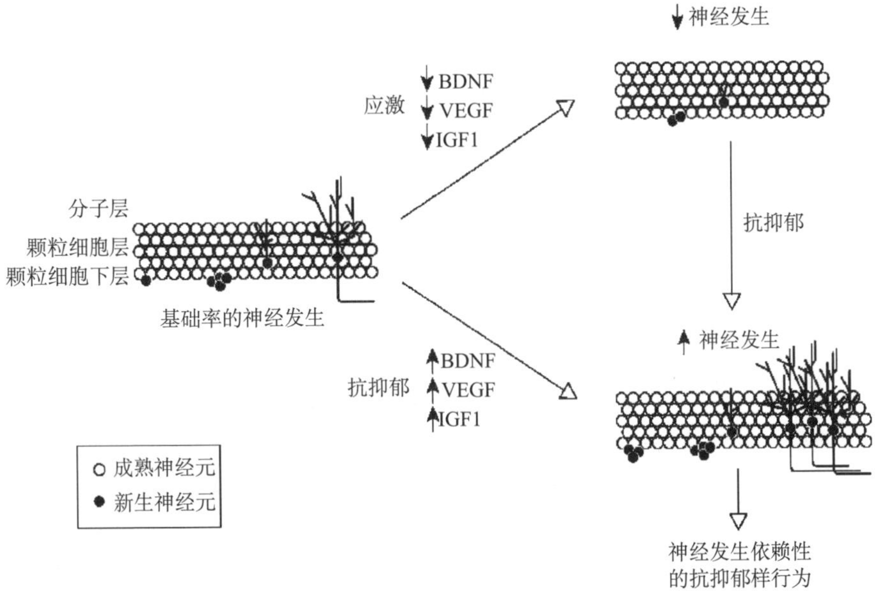

图 3-1　抑郁症的神经营养假说

说明：应激能够抑制成年海马神经发生以及减少神经营养因子表达；相反，进行抗抑郁治疗会促进成年海马神经发生以及增加神经营养因子表达。

我国学者王泽军等（2010）的进一步研究发现，运动能够诱导成年海马神经发生以及神经营养因子的表达增加，这可能是运动抗抑郁作用的主要机制。虽然脑源性神经营养因子（BDNF）、血管内皮生长因子（VEGF）、胰岛素生长因子（IGF1）以及成纤维细胞生长因子-2（Fibroblast Growth Factor-2, FGF2）的作用不同，但是功能互补甚至重叠，能够共同调控下游的信号传导以及基因转录过程，在运动抗抑郁过程中发挥着重要作用。因此，可以把运动作为临床治疗抑郁的一种有效手段，配合抗抑郁药物的使用，同时注意改变运动方式或增加运动强度，克服长期运动可能造成的神经系统对运动的适应，维持运动对神经系统的有效刺激作用。

第三节　不同运动助你远离抑郁

《运动改造大脑》的作者约翰·瑞迪（John Ratey）指出，对于抑郁症患者而言，利用药物会使人感觉比平常更好，而事实上，运动的优势远远超出了抗抑郁药物。正因为你不会占全所有抑郁症的症状，也就意味着你能追求更好的感觉。这些抑郁症的症状无论是单独出现，还是以轻度发作的形式出现，或者共同组成一种疾病，有氧运动对症状的改善都有积极的影响。

因此，对于虽未罹患抑郁症，但明显生活或者情绪状态不佳者，如暴饮暴食、失眠、厌食或性情暴躁等，药物治疗会有不同程度的不良反应，而适当的运动是安全有效的，只要练习方法得当就不会受伤，即可找到最安全、有效的改善心理状态的途径和方法。

有一项研究，实验对象是40名经常进行适量、有规律运动的人，实验结果显示，当经常运动的人中断自己的运动时，两周后心情就会变得很差。被迫不做运动的“假期时间”并没有为任何人的精力进行充电；相反，还让人感觉比以前更糟。正如美国神经学家坎迪斯·珀特提出的运动过程中产生的内啡肽能让跑步者体验到某种欣快感，更多愉快情绪的体验会替换掉那些坏的情绪，令我们更好地感受生活及自我的美好一面。

除了增加内啡肽以外，运动还调节所有抗抑郁药锚定的神经递质。首先，运动可以瞬间提高大脑内去甲肾上腺素的水平。运动唤醒大脑，并促使大脑提高自尊感。自尊是抑郁症的一个组成要素。运动还促进了多巴胺分泌，而多巴胺能改善情绪和提升幸福感，并启动注意力系统。多巴胺与动机和注意力都有关。研究证实，长期运动可增加大脑内多巴胺的储存量，而且触发大脑奖励中枢内制造多巴胺受体的酶大量生成，由此产生一种类似成功完成某件事后的满足感。一旦出现这种满足感的需求，多巴胺基因立刻被激活产生更多的多巴胺，以便让这些通道获得更稳定的调节。以上这些作用是任何药物都无法同时达到的。

体育活动抗抑郁的成功案例

加州大学伯克利分校人口学实验室曾进行过一次研究。研究人员从1965年开始跟踪随访8 023名年轻人长达26年，调查他们的生活习惯以及与健康相关的众多因素。研究人员比较了1974年和1983年的调查情况。在1974年几乎所有人都没有抑郁的情况出现。而9年后，逐渐减少运动的人患有抑郁症的风险是经常运动的人的1.5倍；1983年，起初不运动却开始逐渐增加运动量的人与经常运动的人相比，罹患抑郁症的风险并没有增加。

2006年，荷兰公布了一项针对19 288对双胞胎及其家庭的研究，结果表明，运动者很少焦虑、抑郁或神经衰弱，而且善于与人交往。1999年，一项研究结果显示，每周至少运动2次的人与那些很少运动甚至不运动的人相比，会更少有抑郁、愤怒、压力感、怀疑一切的心态。

第四节 学会用科学的运动方式改善你的情绪：做一个平和的人

通常我们在工作上有挫折感、人际关系紧张或对人生感到失望时，负面情绪就产生了。其实你是一颗钻石，不论是已经雕琢完成，还是尚待研磨，你都要知道——自己是很不错的。可是周围有些人，却故意来刺激你，或者是出于好意安慰你，却反倒给你造成压力，使你这颗钻石，看起来竟像是路边的小石头，光芒暗淡下去了，情绪也受到影响。如果对方用激烈的言辞或行为来招惹你，这时候，你的负面情绪可能马上就要爆发。

负面情绪一出现，你“生命的中心点”马上就偏离情绪表达的正常轨道了。所谓“生命中心点”，就是我们自己的生命重心，能由自己掌握，而不需要向外人索取。这个概念是由著名心理培训师吴娟瑜女士提出的，她认为，“生命中心点”本身就有一套滋养系统，这套系统除了在“观念”上要有正确的价值观指导外，还要从“身体活动”方面来增强“情绪免疫力”。

大多数人有自己的运动习惯，需要一定的前提条件才能进行，如必须到运动场上或是一定要找到友伴才能进行。然而你想要管理好自己的情绪，则要训练自己养成随时随地都能做运动的习惯，通过身体运动改变自己的负面情绪。

改变负面情绪方案一：随音乐起舞

在这方面，有很多正面的例子可以借鉴。如在遇到挫折、困难或想不通的时候，如果在屋内，你可以立刻打开音响，随着音乐，从轻缓的肢体活动，逐渐到热烈的舞蹈，接着做伸手、弯腰、踢腿、转身等各种动作，使自己的整个身体舒展开来。只要 10 分钟，你的情绪就会变好。有时候你可能根本就不想动，赖在床上胡思乱想，情绪很明显快要愤怒或自怨自艾时，就对自己说："一边听音乐一边跳舞。"然后起床，开始运动。有时候可能在参加会议的途中，不方便找时间或地方运动，那么，站在月台上或候机楼，做做身体伸展体操也是一个很好的选择。只要你不侵犯别人的空间，又没有怪异的举止，就不会有人阻止我们运动。有时候在公交车上或办公室里，你也不妨按摩手指、耳朵、面颊，或耸耸肩、转动脚踝等，这些局部运动也可以把我们拉回自己的"生命中心点"上来。

改变负面情绪方案二：练习乌龟呼吸法

每天练习乌龟的呼吸法——深深吸气，慢慢呼气，让血液里有充分的氧气，使血液循环规律、舒畅地进行。当你情绪波动时，尽可能地闭上眼睛，想着让你不舒服的原因，同时在吸气时，想象将怒气、闷气吸入（这部分叫"受"），接着想象将福气、喜气、阳光之气吐出，传送给对方（这部分叫"施"），这种调节情绪的方法，也可以帮助我们将郁闷之气转化为喜悦感恩之气。另外，充分的睡眠和休息，也可以增强自己的"情绪免疫力"。

改变负面情绪方案三：适时调整饮食方案

想要管理好自己的情绪，一定要注意饮食习惯对情绪的影响。有关饮食养生的知识，相信你很容易找到。这里给大家提供一个简单的原则——随着年龄渐长，要相应地改变摄食蔬果和肉类的比例。例如，20岁左右，每天食用蔬果和肉类的比例是2∶2，30岁左右是3∶1，40岁左右则是4∶1，依此类推。素食者则不在此限。

第四章

别让忧虑成为一种惯性，以运动降低你的焦虑

章节导语

每个人都体验过这种情绪。日常生活和工作中的压力使许多人感到焦虑、紧张甚至忧郁，我们常常可以听到："我得赶紧！""我感到压力很大！""我应付不了！""我活得太累！"这些都是焦虑情绪的反映。任何事物都有两重性，精神紧张如此，焦虑也是如此，对人的影响有两方面：有有利的一面，也有不利的一面。但过度的焦虑必定给身心带来损害，为此，我们需要花时间来关注我们的情绪，并采取积极的措施来降低过度的焦虑。

第一节 你的焦虑水平是否影响到了你的健康

焦虑是对某一时刻受到威胁后的一种自然反应，是人类在与环境做斗争及生存适应的过程中逐渐发展起来的基本人类情绪，焦虑时，交感神经系统和下丘脑—脑垂体—肾上腺轴（HPA 轴）进入高速运转状态。焦虑可以提高人的注意力，可以充分地调动身体各脏器的机能，适度提高大脑的反应速度和警觉性，有利于应对挑战。

我们大多数人有时会感到焦虑或恐惧；它是面对压力时产生的自然的情绪反应，一般是正常生活的一部分。对于有焦虑障碍的个体而言，焦虑和当时的环境压力不一定成比例。事实上，焦虑可能发生在没有任何特定危险的情况下。

焦虑时的生理症状逐渐从紧张、烦躁、呼吸急促到心跳加快、浑身冒汗，一旦恐慌全面发作，还会伴有胸部的极度疼痛，在情绪上，会有忧虑感，从而形成病理性焦虑。病理性焦虑是指持续地、无具体原因地感到紧张不安，或无现实依据地预感到灾难、威胁或大祸临头，伴有明显的自主神经功能紊乱及运动性不安，常常伴随主观痛苦感或社会功能受损。

焦虑障碍分为几种类型，包括广泛性焦虑障碍、创伤后应激障碍（PTSD）、社交焦虑障碍、惊恐障碍、强迫症五种。广泛性焦虑障碍被定义为发散性和无原因的长期焦虑障碍。在这种障碍中，焦虑自身为主要的痛苦来源。个体大部分时间是焦虑的，或者有间歇性恐慌，就像在恐怖症中一样。在恐怖症中，焦虑是被一些特定的非理性的对象或行为激发的，如乘坐飞机。强迫症的表现是非自愿地沉浸在某种不好的想法中，或者非自愿地重复某种不必要的行动。

在以上焦虑障碍类型中，广泛性焦虑障碍所占比例最高，这种焦虑障碍的主要特征是持续的、无原因的焦虑。有慢性焦虑的人们说不出他们害怕什么，他们只知道自己总是感到很紧张。他们通常担心很多事情，并且感觉一些不好的事情将会发生。慢性焦虑个体也会遭受以严重焦虑为特征的惊恐发作，这些激烈的发作在没有恐惧源的时候，通常会持续 15～30 分钟。在惊恐袭来时，焦虑几乎增加到无法忍受的水平。惊恐发作通常只持续几分钟，但也可能持续几个小时，随后，受害者感到筋疲力尽。因为惊恐发作是不可预测的，且常伴有焦虑，而且受害者会避免进入使他们感到无法控制、无助或恐慌的特定环境。可以通过以下表格对你的焦虑水平进行自我评估（表 4-1）

表 4-1　焦虑自评量表（SAS）

填表注意事项：下面有 20 道题目，每 1 道题目后有 4 个选项，即 A：没有或很少时间（过去 1 周内，出现这类情况的日子不超过 1 天）；B：小部分时间（过去 1 周内，有 1～2 天有过这类情况）；C：相当多时间（过去 1 周内，有 3～4 天有过这类情况；D：绝大部分或全部时间（过去 1 周内，有 5～7 天有过这类情况）。根据你最近 1 个星期的实际情况在适当的位置进行选择 。

问题	A：没有或很少时间	B：小部分时间	C：相当多时间	D：绝大部分或全部时间
1. 我觉得比平时容易紧张或着急				
2. 我无缘无故地感到害怕				
3. 我容易心里烦乱或感到惊恐				
4. 我觉得我将要发疯				
#5. 我觉得一切都很好				
6. 我手脚发抖、打颤				
7. 我因为头疼、颈痛和背痛而苦恼				
8. 我觉得容易衰弱和疲乏				
#9. 我觉得心平气和，并且容易安静坐着				
10. 我觉得心跳很快				
11. 我因为一阵阵头晕而苦恼				
12. 我有晕倒发作，或觉得要晕倒似的				

续表

问题	A：没有或很少时间	B：小部分时间	C：相当多时间	D：绝大部分或全部时间
#13. 我吸气和呼气都感到很容易				
14. 我感到手脚麻木和刺痛				
15. 我因为胃痛和消化不良而苦恼				
16. 我常常要小便				
#17. 我的手脚常常是干燥温暖的				
18. 我脸红发热				
#19. 我容易入睡并且一夜睡得很好				
20. 我做噩梦				

评分原则：题号前未标“#”者，A、B、C、D 分别按照 1、2、3、4 计分；题号前标有“#”者，A、B、C、D 分别按照 4、3、2、1 计分。

总分乘以 1.25 取整数，即得标准分。低于 50 分者为正常，50～60 分者为轻度焦虑，61～70 分者为中度焦虑，70 分以上者为重度焦虑。

第二节 你担心的事情也许并不存在：运动使我们意识到焦虑是一种认知错误

有研究发现，焦虑想法实际上是一种认知上的错误解读。

焦虑症压迫着你的意识，使你的大脑失去了洞察力，让你无法正常思考。焦虑症以多种形式表现出来，包括广泛性焦虑症、恐惧症、特定恐惧症以及社交恐惧症。它们都伴有严重应激反应的生理症状，而且有一个相似的大脑机能障碍，即认知误解。它们共同的特征就是莫名的担忧，而区别主要是担忧的对象有所不同。焦虑的所有形式可以相互影响、相互依存，而且经常催发抑郁症等其他的心理障碍。在医学研究中，对于焦虑症的常用治疗方法主要有药物治疗和心理治疗。虽然对于运动治疗焦虑的研究并不占主流，但已有的研究成果已经证实科学的体育活动是帮助降低焦虑的有效手段。你可以利用运动的方式减少焦虑症状，而且随着自身技能水平的提高，可以逐渐摆脱这种症状的折磨。久而久之，你教会大脑懂得：这些症状并不总意味着厄运当头，而且你能够活下去；你在重新规划认知上的错误。

在生理上，体育活动不仅降低了肌肉的静息张力，还由此中断了传向大脑的焦虑循环。一旦身体平静下来，大脑的担忧情绪也就更少了。不仅如此，当肌肉开始工作时，身体分解脂肪分子，并激活它们释放脂肪酸进入血液中。游离脂肪酸与体内的色氨酸争夺转运蛋白上的结合位点，并以这种方式增加色氨酸的血液浓度。为了达到同等浓度，色氨酸强行通过血脑屏障进入大脑。一旦进入后，色氨酸就立刻成为制造血清素的原材料。除了得到色氨酸的补充之外，伴随运动产生的更多脑源性神经营养因子（BDNF）也同时提高了具有镇静作用并增强我们安全感的血清素水平。运动还触发了γ-氨基丁酸（GABA）的释放。它是大脑主要的抑制型神经递质（也是大多数抗焦虑药物的主要目标）。在细胞层面上，正常浓度的GABA对终止焦虑的自证预言至关重要——它中断了大脑内强迫性的反馈循环。

案例分析

一位患有广泛性焦虑症合并轻微恐惧症和社交恐惧症的女性，她不仅表现为焦虑状态——过度警觉和紧张，总是做最坏的打算，又表现出焦虑特质，一种更持久、更稳定呈现焦虑状态的倾向。她一直有焦虑敏感，婚姻的破裂让她的焦虑敏感变得更强烈。她开始对每样东西都感到焦虑，无论是否对她构成真正的威胁，仿佛这会关系到自己的生死存亡。在这个过程中，她反应过激，做出很多伤害自己和亲人的事。在专家的鼓励下，她开始进行有规律的有氧运动，每天早晨在跑步机上锻炼 30 分钟，在有氧运动后，继续进行 1 小时的瑜伽练习，并且，一旦在家中感到焦虑和恐慌，她就在跑步机上锻炼 10 分钟，立刻就能平息焦虑或恐慌的感觉。之后，这位女性焦虑症患者结束了惶惶不可终日的状态，对待问题变得积极起来，找回了生活的动力，重新开始正常的生活，整个人充满了踏实感。事实上，她的处境并没有变化，只是她对此的反应以及由此产生的态度发生了变化。她用锻炼来平息紧张情绪，她的应对方式已经明显降低了焦虑敏感，这让她的大脑学会了自我摆脱困境的方法。

第三节　运动给 HPA 轴装上了急刹车：HPA 轴是联结运动和焦虑之间的重要环节

美国某项研究表明，体育锻炼可以使焦虑症状的发生率减少 50% 以上。心肌在我们运动时分泌出的心钠素（ANP）进入血脑屏障。一旦进入脑内，它就与受体结合从而改变了 HPA 轴的活性。

名词解释：HPA 轴

下丘脑—脑垂体—肾上腺轴（The Hypothalamic–Pituitary–Adrenal axis, HPA or HTPA axis），是一个直接作用和反馈互动的复杂集合，包括下丘脑、脑垂体以及肾上腺。这三者之间的互动构成了 HPA 轴。HPA 轴是神经内分泌系统的重要组成部分，参与应激反应，并参与身体多系统的调节。从最原始的有机体到人类，许多物种都有 HPA 轴。它是一个协调腺体，激素和部分中脑相互作用的机制。

压力会激活 HPA 轴，提高循环糖皮质激素的水平。这原本可以在应激反应的急性反应期给人提供生理支持，但是反复地暴露于压力之中以及糖皮质激素水平持续升高会对包括脑部在内的很多器官造成损伤。

抑郁症与HPA轴的活性异常、糖皮质激素水平的升高以及负反馈调节机制的破坏有关。啮齿类动物持续地暴露于高浓度的糖皮质激素会导致突触数量减少、功能减弱，引起额叶皮质和海马区神经元凋亡。

急性的压力会升高啮齿类动物细胞外的谷氨酸含量，兴奋性中毒引起神经元凋亡。

糖皮质激素能通过表观遗传学机制调节分子转录的信号通路，包括调节糖皮质激素受体本身。压力和糖皮质激素直接影响负调节突触蛋白合成的因子表达。

HPA轴的功能缺陷约在50%的抑郁症患者体内出现，抑郁症患者的HPA轴负反馈系统的功能紊乱后，对地塞米松治疗有非典型的反应，会产生更多的促肾上腺皮质激素释放激素，从而形成一种恶性循环。

对动物和人类的研究都已证明，HPA轴具有镇静作用，研究人员推测，HPA轴是连接运动和焦虑之间的重要环节。在惊恐发作期间，促肾上腺皮质激素释放因子（CRF）大量增加。CRF不仅本身就可诱发焦虑，而且让神经系统内充满皮质醇。CRF让我们进入一个癫狂状态，而心钠素的作用正好与之相反，它就像HPA轴上的一个刹车闸。柏林的神经精神病学家安德里亚斯·施特罗尔等人对心钠素是否是让有氧运动发挥镇静作用的关键因素的研究表明，有氧运动后，心钠素的浓度显著增加，与此同时，焦虑和恐慌情绪也减轻了。

对于体育活动可以有效降低焦虑的研究，20世纪90年代以来的主要成果包括：有氧锻炼与无氧锻炼都能降低焦虑；体育活动与调节、降低状态焦虑和特质焦虑有关；从降低焦虑的效果来看，长期锻炼比短期锻炼更能产生积极的效果，有规律的锻炼者比不锻炼者在较长时间内更少出现焦虑情绪；状态焦虑的减轻可能是因为体育活动的效应抵消了日常生活所产生的压力；体育活动对感受高压力的个体具有特殊的效应；等等。

有氧运动是有效降低焦虑的明智选择

汽油的燃烧离不开氧气，所以我们也可以把发动机的工作称为有氧运动。同样，人类在运动中也要燃烧“燃料”，人类的“燃料”是糖类、蛋白质和脂肪。人类的这些“燃料”都储存在人体的细胞中，当你运动时，就会消耗这些“燃料”以获得动力。与发动机燃烧汽油一样，人类在燃烧“燃料”的时候也需要氧气助燃（氧化）。人们在运动时大口大口地呼吸，使空气中的氧气通过肺泡进入血液循环中，然后随着动脉血流向全身的组织细胞中，这是一个漫长的过程。

Raglin（1987）等人发现，进行体育锻炼后的 2 小时内焦虑程度会有所降低，但实验参加者在休息 30 分钟后心情又回到了原来的水平。至今为止的 30 多个关于焦虑的体育锻炼效果的研究结果显示，只有有氧运动才显示积极的效果。1996 年，Beger 等人通过研究制订了体育锻炼获得最大情绪效益的方法模型（图 4–1）。

另外，长期坚持有氧运动能增加体内血红蛋白的数量，提高机体抵抗力，抗衰老，增强大脑皮层的工作效率和心肺功能，增加脂肪消耗，防止动脉硬化，降低心脑血管疾病的发病率。减肥者如果在合理安排饮食的同时，结合有氧运动，不仅能减肥成功，而且减肥后的体重也会得到巩固。有氧运动还具备恢复体能的功效。更为重要的是，有氧运动对于脑力劳动者也是非常有益的。

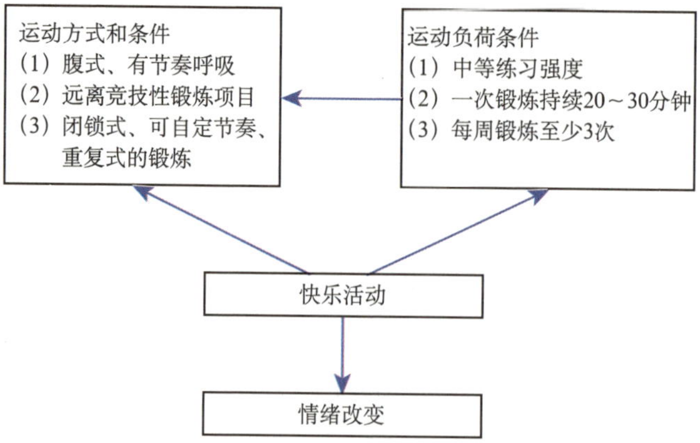

图 4–1　增加体育活动情绪效益的方法模型

第四节　怎样把你喜爱的运动做成有氧运动

有氧运动的目的在于增强心肺耐力。在运动时，由于肌肉收缩而需要大量养分和氧气，心脏的收缩次数增加而且每次泵出的血液量也较平常更多；同时，氧气的需求量增加，呼吸次数比正常更多，肺部的收张程度也较大。所以当持续运动，肌肉长时间收缩，心肺就必须努力地供应氧气给肌细胞，以及运走肌细胞中的废物。而这持续性的需求，可提高心肺的耐力。当心肺耐力增加了，身体就可从事更长时间或更高强度的运动，而且比较不容易疲劳。

低强度、长时间的运动，基本上都是有氧运动，例如，走步、慢跑、长距离慢速游泳、骑自行车等，均能够有效地锻炼心、肺等器官的功能。有氧运动在利用氧气的过程中，有一个较大的时间差，这个时间差就决定了剧烈的、短时间的运动成为无氧运动。而当你运动的时间足够长时，氧气已经溶入细胞中，身体内的葡萄糖得到了充分的“燃烧”，从而转化为新的能量，这样的运动就是有氧运动。

人体能量供应物质

想要了解有氧运动是如何锻炼心肺功能的，我们需要先了解一下人体的能量供应。人体外部运动是靠骨骼肌收缩和舒张牵拉骨骼来实现的，而肌肉的收缩需要能量的推动。这些能量是通过细胞内的化学物质相互反应所释放出来的。这些作为能量来源的物质大致可以分为两类，即直接来源和间接来源。直接来源就是指三磷酸腺苷（ATP）。

ATP 在不需要氧气的情况下，水解为二磷酸腺苷（ADP）和磷酸根，并释放出能量，释放出的能量则会用于供给生命活动。而 ADP 和磷酸根在能量和酶的作用下会再生成 ATP，这就是 ATP 的能量在生物体内有一个动态的平衡。正因为如此，ATP 被我们称为能量“通货”。

用于 ATP 合成的能量又是从哪里来的呢？这就要提到前面说的细胞能量的间接来源了。间接来源是指通过代谢反应产生能量从而用于 ATP 的合成，再通过 ATP 的分解将能量释放出来的供能物质。

人体三大供能系统

人体的供能系统分为三种，即磷酸原供能系统、糖酵解供能系统、有氧氧化供能系统。

磷酸原供能系统是靠 ATP 和磷酸肌酸（CP）来提供能量。磷酸原供能系统的优点为不需要氧气、供能速率大、不会产生乳酸等中间产物，但同时因为不需要氧气、速率大的优点，它也存在着持续时间短、供能总量少的缺点。一般来说，人体中的磷酸原仅仅可以维持 6～10 秒的高强度运动。举个例子来看，在进行百米冲刺时，磷酸原只能供给前几十米的能量需求，那后几十米的能量就要靠糖酵解供能系统来进行供给。

相较于磷酸原供能系统，糖酵解供能系统的总量相对较多。在运动中，我们体内的葡萄糖和骨骼肌中的肌糖原可以在无氧的情况下进行酵解，产生乳酸和能量。但是供能的过程中，会产生中间产物——乳酸。乳酸的堆积会让人感到肌肉的酸痛和疲劳，因此，糖酵解供能也不能在运动中持续很长时间。一般来说，糖酵解能维持 2～3 分钟的运动，如 400 米跑，主要靠糖酵解提供能量。

更长时间的运动，则是靠有氧氧化供能。糖、蛋白质、脂肪在氧气充足的情况下，会氧化分解，从而产生能量。有氧氧化虽然供能速率最小，但产生能量总量最大，可以持续运动的时间最长，也不会产生乳酸等中间产物。

这里需要说明的是，我们在运动中，这三大供能系统并不是孤立存在的，也就是说，即使我们在进行马拉松跑，也会有无氧供能；即使我们在进行百米冲刺，有氧氧化供能也会参与其中。有氧运动是指人体在氧气充分供应的情况下进行的体育锻炼。从供能方式上来看，有氧运动和无氧运动没有绝对的界限，只是供能比例存在差异。

我们通常意义上说的有氧运动，是指有氧氧化供能占绝大部分的运动，如慢跑、游泳。而决定我们身体究竟用何种方式进行能量供给的并不是运动的时间，而是运动的强度。上文虽然指出了磷酸原与糖酵解供能可以持续的时间，但是这里的时间并不是说运动该长度的时间就会用到相应的供能系统。

打篮球是有氧运动吗

通常我们打篮球的时间会远超 3 分钟，那我们就可以说打篮球是有氧运动了吗？显然不行。篮球是一项复杂的运动，当你进行快攻、冲抢篮板时，用到的大多是无氧供能系统，而当你慢慢地跑过甚至走过半场，有氧供能则会起主要作用。运动强度决定着人体能量的需求程度，而前文也说到，三大供能系统供能速率存在着差异，由此我们可以看出，决定人体能量供给方式的是运动强度。

短跑一定是无氧运动吗

当你用最快的速度去跑 100 米时，无氧供能占据绝大部分，而当你用 100 米 / 分钟甚至更慢的速度去跑 100 米时，有氧供能就占了绝大部分。运动的强度也会决定你能持续运动的时间，例如，你以 100 米 / 分钟和 400 米 / 分钟的速度分别去跑，可以持续跑的时间肯定会不同。

如何界定我们所做的运动是有氧运动还是无氧运动

决定我们进行的运动是有氧运动还是无氧运动的关键因素是运动强度。相对于无氧运动而言，有氧运动强度更低，可以持续的时间更长。而能直观反映运动强度的指标是心率。一般来说，一个人运动所能达到的最大心率用（220－年龄）来计算，而有氧运动的靶心率一般维持在最大心率的 60%～80%。例如，某读者，年龄为 20 岁，其运动的最大心率就是 220－20=200，有氧运动的靶心率就是（200×60%）～（200×80%）=120～160。

因此，我们可以通过运动时心率的情况来判断自己进行的是否是有氧运动。

如何将我们喜欢的激烈运动做成有氧运动呢

我们一般所认为的有氧运动是慢跑、游泳、骑自行车等，有人也许会问，我不喜欢这些常规的有氧运动而喜欢更加激烈的运动怎么办？如何将自己喜欢的无氧运动做成有氧运动呢？途径有两个。一种是降低运动强度。拿篮球运动来说，如何通过打篮球达到有氧运动的效果呢？你可以不去进行激烈的比赛，转而进行中低强度的练习，如投篮、运球练习，或者进行对抗程度比较低的比赛。而另一种是进行高强度锻炼，加强身体摄氧能力和适应能力，这样，以前高强度的锻炼方式对于现在的你而言，强度相对降低，有氧供能比例逐渐增大。

另外，需要注意的是，由于有氧运动强度比较低，相对于无氧运动来说，需要更长的运动时间才能对身体产生足够的刺激。但还是那句话，有氧运动与无氧运动并没有清晰的界限，如果你更倾向于有氧运动，那就降低运动强度，延长运动时间。

对不同练习人群的建议

2 型糖尿病患者、肥胖症患者以及脂肪肝患者，一定要做有氧运动；患有心律不齐、心脑血管疾病的患者以及年龄大的人，也都应该做有氧运动。如果是为了强壮肌肉、健美体形，预防椎间盘突出症、颈椎病以及骨质疏松、骨质软化的人，应当做无氧运动。

如何制订运动计划才能更好地缓解焦虑

为了使缓解焦虑的效果更明显，运动需要有充分的规律性、持续性和足够的强度。下面的标准可视为运动要达到的目标。

- 理想的运动应该是有氧运动。
- 最理想的运动频率是每周 4～5 次。
- 最理想的持续时间是每次运动至少 20 分钟。

- 有氧运动最理想的强度是：在至少 10 分钟内，心率为［(220－年龄）×0.75］次 / 分钟。有氧运动的心率范围是最大心率的 60%～80%，即［(220－年龄）×（60%～80%)］次 / 分钟。你可以根据表 4–2 所示脉搏范围进行合理的有氧运动。

表 4-2　不同年龄有氧运动的脉搏范围

年龄 / 岁	脉搏（心率）次 / 分钟
20～29	115～160
30～39	109～152
40～49	103～144
50～59	97～136
60～69	91～128

- 不要每周只运动一次。无规律性的运动对你的身体来说是一种压力，经常如此则弊大于利（散步除外)。

- 填写运动记录表，督促自己形成有规律性的练习，至少坚持 1 个月。（表 4–3）

表 4-3　运动记录表

日期	时间	运动类型	持续时间	心率次 / 分钟	满意度	未运动的原因

为避免焦虑，饮食上需要注意什么

1. 从你的饮食结构中去除会诱发焦虑的食物

这听起来很简单，但是改变你的饮食结构能对你的焦虑程度产生巨大影响。重新考虑你对于下述常见易触发焦虑的食物的摄入情况。

（1）咖啡。一直以来最常见的“能量饮料”，也可能是最主要的引发焦虑的原因之一。如果你习惯于每天早上喝咖啡，那就用几个星期的时间尝试喝茶水或者白开水。这可能很难改变，但是你有可能会发现在这段时期你的压力水平在降低。

（2）甜品。人们常常会把吃甜品当成减压的一种方式，因为像冰激凌和饼干这样的让人感到慰藉的食物会暂时让人有舒适的感觉。但是，在吃了这些食物之后造成的血糖升降其实会让你的情绪更不稳定。试着用水果和蔬菜来替代这些食物，避免血糖频繁地升降。

（3）酒精。在一天充满压力的工作结束后，很多人会喝上几杯来放松一下。酒精能在当下赶走压力，但是过后的效力就会让暂时的放松感消失了。因为酒精是一种抑制剂，从长期上来说会对你的情绪产生负面影响。

2. 把能稳定情绪的食物加入你的食谱中

用均衡的饮食来保持健康对于稳定你的情绪大有好处。如果你摄入适宜的营养，你的身体会在压力大的情况下更有能力消除焦虑。

（1）吃更多富含抗氧化剂的食物，如蓝莓和巴西莓。这些有助于改善情绪并减少导致压力产生的激素。

（2）富含镁和钾等矿物质的食物，如麸、黑巧克力、南瓜子、鱼、杏仁等能对消除压力产生很好的效果。大部分人摄入的镁未达到推荐的食用量，导致各种症状产生，包括焦虑。

（3）含有 GAMA（γ-氨基丁酸）的食物和饮品，一种能促进睡眠和放松的神经递质，应该被经常摄入。如酸乳酒（一种人工培养的乳制品）、泡菜和乌龙茶。

第五章

运动让你体验更多的幸福感

章节导语

运动之后，大脑会产生一种名为内啡肽的物质，在内啡肽的激发下，人的身心处于轻松愉悦的状态中，人由此感到欢愉和满足。内啡肽就是幸福激素。长跑、冥想、静坐、瑜伽、户外活动等都会促进体内内啡肽的分泌、缓解紧张情绪，让锻炼者体验更多欢愉、欣快感。如果你不能感受快乐与幸福，那么去跑跑步、做做瑜伽吧。

第一节　常常感觉不到幸福?

什么是幸福？幸福是个人由于理想的实现或接近而引起的一种内心满足，追求幸福是人们的普遍愿望……幸福不仅包括物质生活，也包括精神生活；个人幸福依赖集体幸福，集体幸福高于个人幸福；幸福不仅在于享受，而且主要在于劳动和创造。

幸福在哪里？我们常常在努力寻找答案。幸福是一个多元化的命题，我们在追求着幸福，幸福也时刻伴随着我们。只不过，很多时候，我们身处于幸福的山中，在远近高低的角度看到的总是别人的幸福风景，往往没有悉心感受自己所拥有的幸福天地。幸福是内心的满足，需要用心感受。同心联接的，是你与自己的关系、与他人的关系，还有你的直觉、灵感与创意。在现代的教育与价值观中，恰恰偏重头脑逻辑思维的训练，而缺乏与心联接的培养。缺乏了与心的联接，无论你积累多少财富，拥有多少知识与才能，拥有多少他人的赞美和敬仰，最终都会因为缺乏内心的满足而感到不幸福。测测你对自己的生活是否满意（表 5-1）。

表 5-1　生活满意度量表（SWLS）

请仔细阅读下列 5 道题目，并根据在旁 1～7 的选项，圈上适当的数字，表达你对各项的同意程度。请以开明和诚实的态度作答。

问题	非常不同意	不同意	少许不同意	中立	少许同意	同意	非常同意
1. 生活大致符合我的理想	1	2	3	4	5	6	7
2. 我的生活状况非常圆满	1	2	3	4	5	6	7
3. 我满意自己的生活	1	2	3	4	5	6	7
4. 直到现在为止，我都能够得到我在生活上希望拥有的重要东西	1	2	3	4	5	6	7

续表

问题	非常不同意	不同意	少许不同意	中立	少许同意	同意	非常同意
5. 如果我能重新活过，差不多没有东西我想改变	1	2	3	4	5	6	7

评分原则：计算总分。

分数总计后，31～35 分为非常满意，26～30 分为满意，21～25 分为少许满意，20 分为中立，15～19 分为少许不满意，10～14 分为不满意，5～9 分为非常不满意。

第二节　越运动，越幸福：体育活动与主观幸福感存在较高的正相关

主观幸福感是指描述个体目前体验到的幸福程度的综合性指标，是评价者根据自定的标准对其生活质量进行的整体性评价。一般认为，主观幸福感是由积极情感、消极情感和生活满意度三个不同的维度组成的。它是衡量心理状态与生活质量的重要因素之一。

Overman（1986）以女性运动员为实验对象进行研究。结果表明，女性运动员的主观幸福感优于非运动员女性。殷恒婵（2004）研究发现，体育专业与非体育专业大学生心理健康特点存在差异，主要表现为体育专业大学生在自主性、环境适应与控制、自我接纳、主观幸福感、角色互换与合作等方面的得分显著高于非体育专业大学生。Angela 等人（2014）进行的一项实验结果显示，运动组的人们的主观幸福感测量值高于不运动组。

体育活动与幸福感之间存在较高的正相关，这可能与运动引起神经系统的变化、自我效能感的提高及社会支持的改善有关。意大利学者 1980 年就指出，剧烈运动后体内的内啡肽水平会升至安静时的 8 倍。内啡肽是

由人的脑垂体分泌释放的一种激素，具有很好的镇痛作用，与吗啡类似，但作用强度比吗啡强约200倍。除了运动，孕妇分娩时内啡肽的水平也会升高，这是人类为了保证繁衍而进化出的本领，它的升高保证了分娩时的疼痛可以忍受。如果孕妇在分娩前还进行过有氧运动，其体内的内啡肽水平就会更高，日后分娩时，就会对疼痛有更强的耐受能力，所以运动员生孩子的痛苦一般要轻于普通人。

很多人心情不好了就去跑步、游泳，之后再冲个澡，烦恼就少了很多，这就是内啡肽的作用。一旦养成了运动的习惯，如果突然停止就会觉得不舒服，其实是身体对内啡肽带来的欣快感产生了依赖。

长跑的人都会体会到，在长跑的过程中，有一个奇妙的时间点，在那个时间点之前，人会感到非常疲惫，几乎撑不住了，这个时间点被称为极点，一旦越过了这个“点”，身体就又会充满活力、感到振奋。什么时候会到达“极点”呢？一般都是长时间的运动，把肌肉内的糖原用尽，只剩下氧气，这个时候，内啡肽便会分泌，开始从难受的极点向幸福转化了。累并快乐着，就是这种感觉。

因此，要想获得幸福感，就要促使幸福激素分泌，这就需要一定的运动强度和一定的运动时间。一般认为，中等偏上强度的运动，如跳健身操、跑步、登山、打羽毛球等，运动30分钟以上，才能刺激内啡肽的分泌。也就是说，你的运动要足够累，否则不可能“苦尽甘来”。长期进行体育活动的人，之所以能坚持，包括跑马拉松，会不惜远程到全国各地甚至世界各地参加比赛，不得不说就是这种幸福激素上瘾的结果，他们会在运动后感到心情舒畅。这种人如果有一天不去运动，内啡肽分泌减少，人就会变得没精打采。

除了跑步，冥想、静坐、瑜伽等也会提高内啡肽的分泌量。在这种锻炼方式中，内在的欣快感是他们的高峰体验，只不过并不是所有人都能沉下心来静坐的。对他们来说，尝试分泌这种幸福激素还有另外一个办法，就是深呼吸。例如，我们在紧张的时候，做一下深呼吸，就可以一定程度地放松紧张的情绪，让心静下来。

中国人养生，有很多民俗，其中一点就是“多接地气”。所谓“接地气”，就是经常到外边，到大自然中去，不要总是把自己关在屋子里。这个看似简单的健身办法，非常合乎医理，因为它包含了重要的两点。第一，多晒太阳，大脑的松果体中导致人抑郁的褪黑素分泌减少，在太阳下运动，内啡肽分泌增多，两者加在一起，自然就会感到欢愉。第二，接地气，也就是户外活动的另一个好处，是减少过敏。工业化程度越高的地方，户外活动越少，生活清洁度越高，过敏就越严重。而研究发现，过敏与抑郁是一根藤上的苦瓜，容易过敏的人，也容易心情抑郁，越来越现代化的生活恰恰给了这两个问题同样的土壤。

我们给出了大家以上的建议与选择，还犹豫什么，赶快行动起来吧！去享受幸福。

案例分析

1982年波士顿马拉松比赛中，一位长跑运动员在跑了11千米后股骨骨折，尽管如此，他却在瘫倒前跑完了42千米。事后，外科医生用了较长的钢板才将其股骨固定，之所以能带伤比赛，据医生们推测，除了发达的肌肉起到了固定的作用外，还因为运动使他的身体分泌了可以使人产生欣快感的内啡肽。

对于一个性格阴郁的人来说，可以通过运动来升高自己体内的内啡肽水平，使自己的心情逐渐舒展、快乐起来。不过，不是所有的运动都能升高内啡肽，而且要保证一定的量，例如，慢跑、游泳、爬山之类的有氧运动至少要持续30分钟内啡肽的水平才能升上去。这也是现代医学治疗抑郁症的重要手段，通过运动使抑郁症患者自身生成可以自救的“快乐激素”，由内至外地快乐起来，一旦进入良性循环，阴郁情绪对身体的伤害也会逐渐消失。

第三节　经常运动的女性能够获得更多的幸福感

一些研究指出，有规律的体育活动与主观幸福感之间存在正相关，而且女性比男性表现得更突出（Angela，2014）。一项对 30 名女性的实验发现，长期的、有规律的有氧运动可以提高女性的社会满意度（Hasan，2003）。此外，还有研究发现，体育群体在成功体验与控制感、环境适应与控制、自我表现、自我接纳和认同等方面存在显著的性别差异（殷恒婵，2004）。

女性若能感到幸福，一个家庭都会幸福，每一个家庭都幸福了，整个社会都会祥和安宁。因此，女性在现代社会稳定、家庭幸福等方面有着特别的重要性。经常运动的女性更易找到幸福的感受，从而将自身的幸福感受传递给周围人群，带来社会的安定。

一位男士曾坦白地说："一个最令我难以回答的问题是，女人想要的是什么？"现在，这个问题仍困惑着许多男性。不过，现代心理学家和女人们知道答案。女人们想要的与男人们想要的几乎没有什么两样，她们需要的是成功、权力、地位、金钱、爱情、婚姻、孩子、幸福以及自我价值的实现。但总的来说，现代女性大多面临巨大社会压力，工作、事业、婚姻、爱情无一例外对女性提出更高、更多的要求，纵有三头六臂也无法兼顾所有，因此，如何幸福地生活是每一位女性都想得到的答案，情绪、心理的影响作用之大难以想象。而越来越多的研究发现，运动可以让女性更幸福。

经常参加体育活动的人，可以获得如下益处（以瑜伽运动为例）：①塑造完美曲线，改善身体的柔韧性，令女性气质优雅，魅力无穷；②稳定神经系统，调理女性内分泌系统，补养和加强女性生殖系统，预防及治疗妇科疾病，促进雌激素的正常分泌，加强淋巴排毒功能；③促进血液循环，滋养皮肤，减少皱纹，令肌肤富有弹性，延缓衰老的进程；④双向调节人体的体重，令胖人瘦身，瘦人丰满；⑤预防疾病，如失眠、便秘、偏头痛、脊椎病、关节炎、生理期不适、消化不良、忧郁等；⑥有效地增加活力和生命力；⑦有效地开发创造力，增强记忆力；⑧有效地提高思维能力，集中注意力；⑨增强免疫力，加强对疾病的抵抗力；⑩稳定情绪，令心态更积极、自信、乐观，内心更平和、安静，变得更有耐性；⑪增强自我控制能力（包括身体、精神方面），懂得随时放松身心，抵御不良情绪的影响；⑫饮食习惯也会在不知不觉中改变，自然地摄取更健康的食物。

你常常感觉生活压力大，心情不愉快吗？那么赶快行动起来吧。

如果你感觉瑜伽太难，自己身体协调能力比较差，又不会什么技巧性的运动方法，那么每日步行1万步，也是非常便利简单又有效的健身方式，建议你在上下班途中、午间休息时、外出办事期间，尽量用步行替代其他交通工具，每天加起来大概1个小时的步行即可轻松完成目标。长期坚持下来，会给你的身心带来更多的改善。

案例分析

一位坚持了十五六年“日行万步”的知乎作者写下了如此感悟：

长期运动对我到底产生了什么作用呢？

首先，步行有效地缓解了我腰椎间盘突出症引起的下肢发麻症状！但客观地讲，步行并不是一个马上见效的方法，这也是长时间坚持才会产生作用。同时，对身体不同的问题需要有针对性地选择运动方式。例如，如果我们肩颈部不适，步行的效果就没有那么明显，做肩颈操反而更好！

其次，运动缓解了我的压力！每天在家里和单位都有很多事情，怎么做都做不完，常常会出错，不免会烦躁。而当我在单位、家庭两点一线间，刻意抽出时间，什么都不想，专心步行，急躁情绪会慢慢缓解，疏散很多压力，能够相对平静地面对烦琐事务！

最后，也是最重要的，运动改善了我的睡眠和情绪！随着年龄渐长，睡眠越来越差！特别是当“睡眠差—情绪低落—不想运动—睡眠更差”最终变成恶性循环的闭环时，难以突破，成为困扰！尝试一些方法后，我发现只有刻意用身体的劳累，来缓解情绪波动或者精神焦虑才会有明显改善！因此每当精神紧绷烦躁时，我会刻意加大运动量，身体疲倦后，精神上会松弛下来，每每也可以改善睡眠质量，情绪随之平和下来，从而进入良性循环！现在，对我身心状态影响最大的是睡眠和情绪问题，而这些问题通过运动都能改善！长期运动还明显缓解了身体不适，疏散压力！运动后的那种畅快，更让幸福感嗖嗖地向上涨！

所以，运动并不是很多朋友所误认为的，等到年老生病以后不得已才采用的治疗方法，如果年轻时就开始有规律地运动，长期积累，还会发挥更大作用！

建议朋友们，不管年龄大小，现在就开始动起来，让运动变成生活刚需！只有为自己的健康银行早早储存资本，未来才会有更多机会去享受美好！

而对于中老年的朋友，运动是为了健康，一定要减少因盲目运动而产生的风险，建议根据身体状况选择适合自己的方式！特别要保持对自己身体的敏感度，逐步增加运动量，运动时以微微出汗、全身疏畅为宜！如果运动时感到任何不适或者非常疲惫，要马上停止，观察身体反应，进行调整！

总之，对于没有运动细胞的我，尚能从长期运动中获得这么多幸福感，大家肯定会从中找到更多乐趣，收获更多惊喜！

运动最难的就是开始，开始运动后就会感到愉悦！

第四节　心血管功能有益于幸福指数的提升

有研究发现，体操运动员与篮球运动员的主观幸福感存在差异，但差异并不显著；有研究者针对这一问题进行了实验研究，他们将被试者分为提高心血管功能的训练组和降低心血管条件反射的对照组。结果发现，两组被试者的主观幸福感存在显著差异，提高心血管功能的训练组明显优于对照组。

简单练习

提高心血管功能的运动主要包括各种有氧运动。关于有氧运动的介绍与解读，读者可以参考本书第四章的内容。以下提供一些具体的简便的锻炼方法。

首先，运动强度上，有氧运动是增强人体吸入与使用氧气的耐久运动。它的运动特点是负荷量轻、有节律感、持续时间长。运动医学测定，有氧运动适宜的运动负荷为每周 4～5 次，每次持续 20～30 分钟，运动时心率为 120～135 次 / 分。

其次，练习形式上，自我抗力是人体肌群处于静态性对峙的肌力抗衡，也是简便易练的有氧运动项目之一。它不受性别、场地、器械的制约。采用徒手定位的肌肉抗力练习，无运动创伤之忧，成为静力训练中加速血流、促进代谢、舒筋活络的健身方法。以下介绍几组简易的不同体位的自我抗力练习，可选做学练。

（一）掌指练习

方法：两掌胸前合拢，五指分开，指腹相对。两手第一指腹相互做抗力推进，两掌缓张，呈“爪”形静态抗力10～12秒，重复7～8次（图5-1）。

效应：增强指部展肌和桡侧腕短伸肌肌力。

提示：指腹互推时，均需适量抗力，递增抗衡强度。

图 5-1　掌指练习

（二）肩臂练习

方法：分腿站立，两手胸前合掌，手指向上。右掌推力超过左掌的抗力，用力将左臂推至左体侧。左掌抵制右掌的抗力，将右臂推回右体侧，重复 10～12 次（图 5-2）。

效应：提高三角肌、肱二头肌、肱桡肌和拇短屈肌的肌力。

提示：两掌推移时，被推移的腕掌须有抗衡力，以递增抗力力度。

图 5-2　肩臂练习

（三）头颈练习

方法：分腿站立，两手交叉抱颈。两手慢速用力推动头、颈部的抗力，将头按压至胸锁骨部位，呼气。然后颈部用力抗回两手的下扳力，将头部向上竖抬成预备姿势，吸气。重复7～8次。有颈椎病的人，不做低头的动作（图5-3）。

效应：增强颈阔肌和肩胛肌等的肌力。

提示：两手向下扳力不宜大于头、颈部向上的抗力。扳速宜缓慢，扳力宜适中。

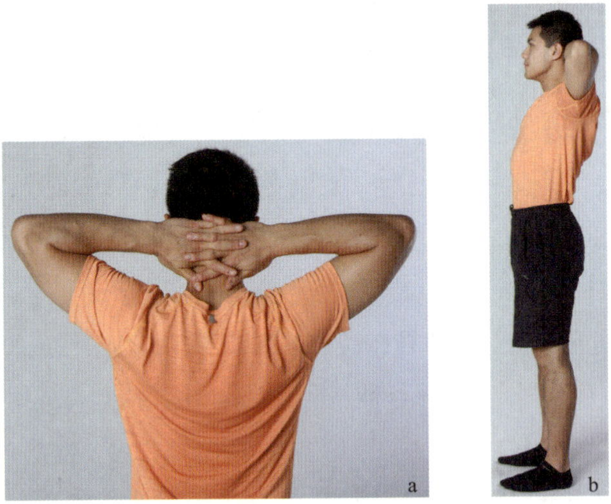

图 5-3 头颈练习

（四）腰背练习

方法：分腿站立，两手叉腰，虎口向上。腰背部迎着两手逆向扭转的抗力，做顺向环绕旋转，呈静态抗力6～8秒。然后反方向重复。间歇30～40秒（图5-4）。

效应：促进背阔肌、腰侧肌和竖脊肌伸展力，提高腰椎灵活性。

提示：腰背部绕旋时，头、颈部和上体协同转动。两脚不可移动。

图 5-4 腰背练习

（五）胸腹练习

方法：并腿仰卧，两掌位于腹部。胸腹部迎着两掌按压的抗力向上做反抗力呈 45 度仰卧起坐 5～6 秒，重复 7～8 次。抬起身体时，保持颈部自然延展（图 5-5）。

效应：增强腹直肌和胸大肌肌力。

提示：仰卧呈起坐时，深吸气；仰卧躺下时，呼气。

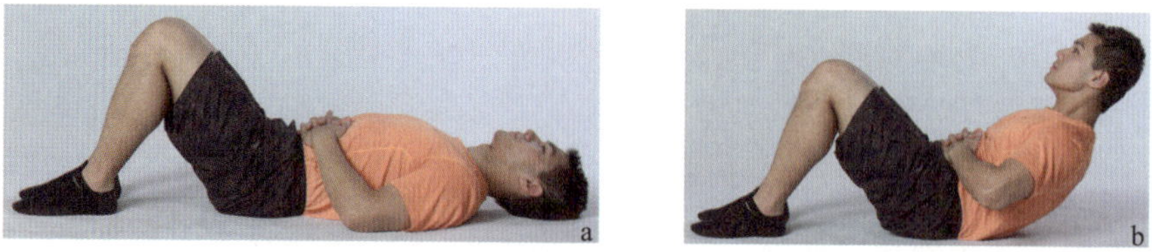

图 5-5 胸腹练习

（六）腿膝练习

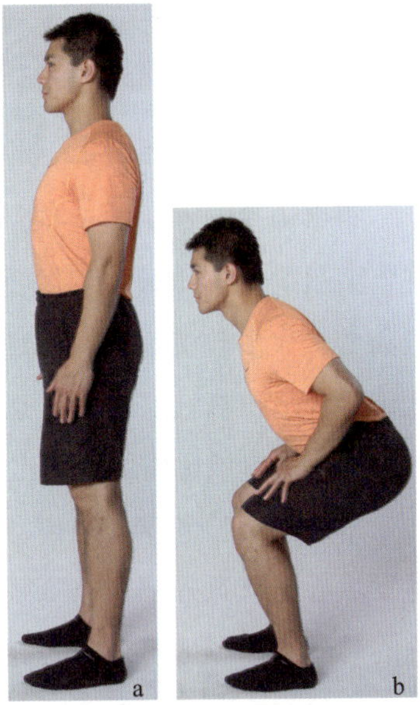

图 5-6　腿膝练习

方法：蹲位，两手掌放在腿上。两腿迎着两掌向下的按压力，用力向上做反按压抗力蹬起成直立。间歇 30 秒，重复 7～8 次（图 5-6）。

效应：增进股四头肌和内收肌群的肌力。

提示：腿部做反按压抗力蹬起时，上体与腿位呈 90 度，体位不可前倾。

（七）有氧耐力训练

有氧耐力训练的一般方法。可分为两种：一是力量耐力，二是速度耐力。它表现为在较短的实战时间内能保持一定的力量、速度，且有一定的密度和强度。可从以下练习方法中进行选择。

击打沙袋。在充分做好准备活动之后，要保持一定速度和力量，连续做 5 组以上击打。每组为 3 分钟。

变速跑。3 000 米至 10 000 米距离中，快跑 50 米，慢跑 50 米。

匀速跑。心率控制在每分钟 150 次左右，负荷时间保持在 30 分钟以上。

5 000 米越野跑。跑步时，要经常变换步幅和节奏（不停地改变步幅，可使不同部位的肌肉得到锻炼）。

跳绳。跳绳 3 分钟，休息 1 分钟，再进行下一组练习。每次训练做 3 组即可。当受训者觉得适应此运动量时，可去掉中间的休息时间，连续跳 30 分钟。

空击。向空气中做击打动作，3 分钟为一组，做 3～5 组。

实战。与不同对手进行车轮战练习。

运动注意事项

（一）清晨运动弊大于利

很多人喜欢在清晨锻炼，认为早上空气清新，锻炼效果好，但研究发现，清晨的空气质量并不像我们想的那么好。清晨空气污染指数是一天中最高的；大多数植物是在夜晚吸收氧气，释放出二氧化碳，白天吸收二氧化碳且释放出氧气。因此，从理论上来说，在植物比较密集的地区，清晨的氧气含量应该比较低，而二氧化碳的含量相对较高。

另外，对于老年人来说，清晨心血管系统调节能力较差，做运动更容易发生心血管意外，所以不赞成时间过早（如清晨五六点钟）的晨练。晨练的时间可以根据各地区实际情况和季节的关系，在天亮后的八九点钟进行。练习的内容，以舒缓的运动为宜，如散步、调息。增强心肺功能的其他有氧运动推荐在傍晚进行，这时候机体各系统的状态都较好，进行锻炼效果好、危险性小。

（二）进餐与运动时间的选择

由于进餐后消化系统需要一定的时间来消化和吸收食物，这时候开始进行锻炼则会干扰这一过程，导致消化系统不适甚至产生疾病。因此，在进餐 1.5～2 小时以后才能开始运动。另外，由于运动的应激和血液的重新分配，运动后修复到安静状态需要一定的时间，因此，在运动锻炼结束后需要 0.5～1 小时后再进餐。

（三）饮食上的建议

饮食有节。提倡吃七八分饱，同时要少吃各种动物脂肪，多吃新鲜蔬菜和水果。

饮食宜清淡。食盐过多能使血压上升，使血液黏度提高而增加心脏负担。因此，正常成人每日进食盐量宜在 6～8 克，对心脏功能不全的人，进食盐量则不宜超过 5 克。

增加镁元素的摄入。镁元素能阻止胆固醇的合成，抑制神经的兴奋性，维护心肌纤维正常舒缩功能和冠状动脉弹性。人体缺镁，可导致心动过速，心律不齐及明显的心肌坏死和钙化，故镁元素有“心脏保护神”的美称。

适当吃肉。每周吃红色肉类（如猪肉、牛肉、羊肉等）不得超过 2 次，吃动物内脏（如猪肝、鸡心等）不超过 1 次。另外，最好每周进食 2 次海产品，因为海产品不仅含有丰富的钙和钾能降低血压，而且含有减少产生血凝块危险的物质。

运动实验室：一周内提高幸福感

如果有个一周就能提升幸福感的“药方”，你会不会尝试？首都师范大学心理系王岩团队开展的一项研究发现，综合锻炼、睡眠、冥想、拥抱这 4 种简单易行的方法，一周内能明显提高幸福感。具体的做法可归纳为“3536”。

3 次锻炼。一周至少进行 3 次身体锻炼，每次运动时间不少于 40 分钟。很多研究证实，运动能促进大脑愉悦因子——内啡肽的释放，让人觉得快乐、兴奋。再加上运动能让身体机能、心肺功能等得到提升，人的整体状态就精神很多。

5 个拥抱。每天拥抱 5 个人，家人、爱人、朋友、同事，甚至拥抱自己。拥抱对人体免疫系统、神经系统、内分泌系统都十分有益。当我们拥抱他人时，身体会释放催产素，这一物质能引发身体的愉悦体验，提高人的信任感。另外，温暖的拥抱就像无言的抚慰，可以明显降低孤独感，让人身心获得满足。

3 天早睡。晚上不想睡、早上不想起是不少都市人的通病。熬夜让人身心俱疲，自然难以享受生活。一周至少 3 个晚上在 10 点半前上床睡觉，慢慢养成早睡早起的习惯，能让人感觉精力充沛、头脑清醒，以更积极的姿态迎接每一天。

6 次冥想。很多人觉得冥想很玄乎，冥想到底是想什么？其实，冥想就是什么都不想。它是一种认知控制训练，让大脑放空而进入宁静平和的身心状态。可以用“深度呼吸法”练习：关注自己的呼吸，深吸气，感受腹部鼓起，再呼出，重复数次；如果精神分散了，不要紧，集中注意力，再呼吸，将注意力转移到自己的身体，慢慢体验冥想过程中的平静和放松。

第六章

喜爱运动的孩子能够更加快乐健康地成长

章节导语

许多心理学家把人类的发展比作房屋的建造。就像房子的地基是地面、墙壁、屋顶等其他部分的支柱一样，童年是人类发展所依赖的根基。如果地基不牢，当地基塌陷时就会出现墙壁裂缝等问题，那么房屋的未来就很危险了。如果地基牢固，房屋就能经受住洪水和狂风这样的威胁，即使经受不住，也很容易重建。健康的童年能够使人产生一种韧性，来帮助他们克服以后生活中遇到的问题。体育活动不仅能够有效增强儿童和青少年的身体素质，还能够培养锻炼他们的心理素质，促进其人格发展，提高其认知能力，使他们能够更加健康快乐地成长。

第一节　体育活动与认知过程存在适度的正相关

研究发现，体育活动与认知过程之间有着适度的正相关。长期的体育锻炼在认知表现上比短期的体育锻炼有更大的效应，有规律的锻炼可以通过提高知觉和运动系统的总体速度来提高精神运动的速度（Spirduso，1986）。1997～2009年发表的相关领域的论文，结果发现，体育活动对特定认知功能影响效果依次为动作功能、动作技能、学业成绩、推理、反应时间、执行功能，而且，体育活动对失聪症、阿尔茨海默病和帕金森病也有一定的正面效果。另外的研究也发现，体育锻炼能提高儿童的认知功能和学业表现。

Killgore 和 Schwab（2012）对某组织中不同性别参与者体育活动与智力之间的关系进行了研究，结果显示，女性体育锻炼和高智商的关系更为密切，而男性体育锻炼和智商基本没有关系。另外，不同年龄、不同性别、不同运动项目、不同运动强度与智力发展的关系也各有不同。体育活动与认知过程的关系在不同年龄人群的身上有不同的体现，但大部分情况下表现出有益作用。体育活动能促进儿童和青少年认知功能的发育，能延缓或预防中老年人认知功能的衰退。

认知能力不足容易造成下述不健康的心理，你有过吗？

成长中七种不健康心理

（一）忧郁

由于种种原因，青少年会出现闷闷不乐，愁眉苦脸，沉默寡言的现象。如果长时期处于这种状态，就应当充分予以重视。

（二）狭隘

表现为斤斤计较，心胸狭窄，不能容人也不理解别人。对小事耿耿于怀，爱钻牛角尖。

（三）忌妒

当别人比自己好时，表现出不自然、不舒服甚至怀有敌意，更有甚者用打击、中伤等手段来发泄内心的忌妒。

（四）惊恐

对环境和事物有恐怖感，如怕针、怕暗等。轻者心跳加剧、手发抖，重者失眠、梦中惊叫等。

（五）残暴

有点小事自己不快，便向别人发泄，暴躁易怒；有的则以戏弄别人来使自己开心，对别人冷嘲热讽，没有温暖之心。

（六）敏感

多疑，常常把别人无意中的话、不相干的动作当作对自己的轻视或嘲笑，为此而喜怒无常，情绪变化很大。

（七）自卑

对自己缺乏信心，以为在各方面都不如别人，无论在学习上，还是在生活中，总把自己看得比别人低一等，抬不起头来。这种自卑感严重影响了自己的情绪，对自己都缺乏情趣，压抑感太强。

案例分析：运动提高认知能力

在美国芝加哥内珀维尔中央高中，曾经进行过一个名为“零点体育课（Zero Hours）”的项目。所谓的“零点体育课”，就是为一天的学习做好准备而进行的一种新型的体育课，该课程由于被安排在早上第一节文化课之前而得名。

该课程要求学生要用自己最快的速度跑完 1 600 米，跑步过程中心率维持在最大心率的 80%～90%，然后再进入课堂进行文化课的学习。参与到该项目的学生，通过一个学期的锻炼，他们的阅读和理解能力得到了非常大的提高。

对此，学校管理层非常震撼，于是他们将零点体育课改名为学习准备型体育课，并作为全校学生每天的第一堂课。越来越多的研究表明，运动能够为身体提供一种刺激，这种刺激能够为大脑提供学习环境，提高人们的认知能力。

运动方案

有条件的家庭或学校，也可以尝试一下此种运动方式促进认知能力的方法——在学习文化课之前，以最快的速度跑完 1 600 米，维持自己最大心率的 80%～90%。

每天坚持练习跳绳、原地高抬腿等简便易行的锻炼方式，达到最大心率的 75%～80%，坚持 2 分钟，然后，原地踏步，待呼吸回复到正常水平，再进行第 2 组同样的练习，依此方式持续锻炼 20～30 分钟，最后调整呼吸放松全身（图 6-1）。

图 6-1 简易运动

第二节 你家里有一个捣蛋鬼吗?

过度活跃的孩子让你无法忽略，他们就是《小鬼当家》里那个淘气的凯文，要么上蹿下跳，要么在椅子上如坐针毡，一刻不停地动来动去。他们自言自语、晃动双腿、心不在焉地乱涂乱画、东磨西蹭浪费时间。由于缺乏耐心，他们往往不假思索就脱口而出，常常干扰和打断别人的话。他们觉得自己好像一直在赶时间，而打断别人的话是因为他们以为自己知道别人要说什么，或者是因为别人的话会让他们心烦。总而言之，他们很难坚持做某件事。因此，他们经常会听到别人说自己是破坏王。

注意力缺陷多动障碍

注意力缺陷多动障碍（ADHD）是一种神经性行为发育障碍，在全世界 19 岁以下人群中的发生率为 3%～7%。该症状多见于青少年时期，其集中表现为注意力不集中、行为多动、记忆力不佳以及自身行为控制较差等。

注意力缺陷，或称注意力分散，是 ADHD 的固有症状，但也经常会在儿童身上出现上述过度活跃的症状。对许多这样的孩子来说，很显然他们需要的是运动，而且他们都很擅长运动。对 ADHD 最好的治疗方案就是建立极为严格的运动计划安排。例如，你可以为孩子选择跆拳道、格斗术或其他高要求的运动如芭蕾、花样滑冰或体操，以及一些非传统体育项目如攀岩、山地车、激流独木舟、滑板运动。这些项目既需要复杂的运动技能也需要高强度的体力。同时挑战大脑和身体比单独做有氧运动的积极影响还要显著。

注意力神经回路由去甲肾上腺素和多巴胺联合调控，这两种神经递质的分子性质极为相似，它们甚至可以和对方的受体相结合，而且两者都是抗 ADHD 药物的靶向化学物质。ADHD 与许多基因有关，科学家把目标集中在其中某些调节这两种神经递质的基因上。一般来说，患有 ADHD 的人的问题在于注意力系统的杂乱不均。这些问题可能是这两种神经递质中的一个或注意力系统中任何区域的机能障碍引起的。运动和注意力之间有着强大的关联，它们共用着一部分重叠的神经传导路径，这可能是患有 ADHD 的孩子擅长格斗类运动的原因。他们必须在学习新动作的时候集中注意力，因而能运用并锻炼这两大系统。

霍夫斯特拉大学（Hofstra University）一位研究生的小型研究发现，每周参加 2 次格斗术训练后，8～11 岁患有 ADHD 的男孩与参加有氧运动项目的孩子相比，行为和表现的评估分数均有所提高（与不运动的对照组相比，这两个运动组都有显著改善）。参加格斗训练的孩子能完成更多的作业、能更好地预习课程，他们的学习成绩提高了、违纪情况减少了，并很少离开座位了。总之，他们更能专注于某件事。

许多 ADHD 的儿童比他们的同龄人运动得更多。他们需要更多的运动，还要养成运动的习惯。研究证实，最大心率 65%～75% 的运动量对女孩更有效果，而更为剧烈的运动（就是仅次于无氧阈值的运动强度）对男孩的效果更佳。

运动方案

（一）锻炼腹部

1. 仰卧起坐

身体仰卧于地垫上，膝部屈曲成 90 度左右，脚部平放在地上。双手置于耳旁，把身体升起离地 10～20 厘米后，收紧腹部肌肉并稍作停顿，然后慢慢把身体下降回原位。当背部着地的时候，便可以开始下一个循环的动作。每组 10～20 次，每次做 4 组。每组休息 15～30 秒（图 6-2）。

图 6-2 仰卧起坐

2. 仰卧举腿

身体仰卧于地垫上，腿部伸直放到地面上，双手平放于体侧，将双腿尽量伸直抬离地面至与身体垂直，然后慢慢将双腿下降至最低点，无限接近于地面，但是不可接触地面。每组 10～20 次，每次做 4 组。每组休息 15～30 秒（图 6-3）。

图 6-3 仰卧举腿

3. 平板支撑

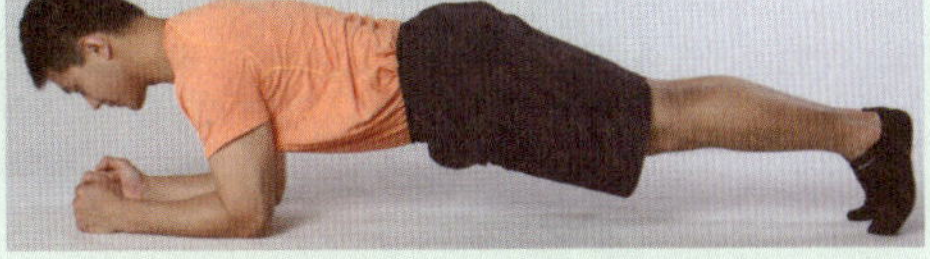

图 6-4 平板支撑

俯卧，双肘弯曲支撑在地面上，上臂垂直于地面，双脚踩地，身体离开地面，躯干伸直，头部、肩部、胯部和踝部保持在同一平面，腹肌收紧，盆底肌收紧，脊椎延长，眼睛看向地面，保持均匀呼吸。每组 30～60 秒，每次做 4 组。每组休息 20～30 秒（图 6-4）。

（二）锻炼背部

1. 引体向上

两臂悬垂在单杠上，两手宽握距，正手握紧横杆，使腰背以下部位放松，背阔肌充分伸长，两小腿弯曲抬起。吸气，集中背阔肌的收缩力，屈臂引体向上至颈前锁骨处，使之接近或触及单杠，稍停2～3秒。然后呼气，以背阔肌的收缩力量控制住，使身体慢慢下降还原。每组6～10次，每次做4组，每组休息30～60秒（图6–5）。

图6–5 引体向上

2. 窄距引体向上

两臂悬垂在单杠上，两手窄握距，正手握紧横杆，使腰背以下部位放松，背阔肌充分伸长，两小腿弯曲抬起。吸气，集中背阔肌的收缩力，屈臂引体向上至颈前锁骨处，使之接近或触及单杠，稍停2～3秒。然后呼气，以背阔肌的收缩力量控制住，使身体慢慢下降还原。每组6～10次，每次做4组，每组休息30～60秒（图6–6）。

图6–6 窄距引体向上

第三节 完全人格，首在体育：体育活动促进青少年人格发展

在我们成长和成熟的过程中，有很多因素在塑造我们。成人人格是在一个发展过程中逐渐形成的。在这个发展过程中，早期经历对我们目前状态及成人机能有重要影响。早在 100 年前，北京大学校长蔡元培就提出“完全人格，首在体育”的观点，体育活动对于人的作用，并不仅仅在于强健其身，更重要的是对其人格的塑造。

一些研究显示，在青少年时期参与体育活动对个体的人格发展有促进作用。研究者观察了一些男孩的人格剖面图，他们参加了为期 5 年的游泳训练，在这期间，男孩们在外向性、稳定性和依赖性方面都有明显的转变。Schnurr 和 Vaillant 对哈佛大学 1942～1944 年毕业的男学生进行了追踪调查，他们试图查明在大学里测试的人格特点能否预测被调查者今后生活中的运动习惯。此项目始于 1938 年，两位心理学家对获得的资料进行了仔细研究，记录了大学里每天和每周的体育活动的时间和类型，并询问了被调查者所从事的运动类型和运动量。调查结果表明，被调查者大学期间的人格特点，如精力充沛、兴趣广泛、焦虑水平低、性格豁达等，预测着他们未来生活中会进行频繁的体育活动。

研究发现，经常参加体育活动的大学生运动员具有高乐群性、高敢为性和高幻想性的人格特征。长期系统的体育活动可以有效地培养青少年勇敢顽强的意志品质和乐观的情感，有助于青少年学生情感社会化和深刻化，有助于培养学生的竞争意识和自我意识。

当然，参加体育活动并不能自主地促进儿童道德水平的提高，只有在社会学习理论和结构发展理论指导下进行系统的道德干预才有利于学生提高体育道德水平。因此，对于青少年的人格培养，不仅要督促其多参加体

育活动，还应重视体育教育的重要作用，指导教师或家长应在青少年进行体育活动时给予其适当的道德干预。

近年来，一些学者开始关注体育活动对改变A型行为模式特征的作用，并逐渐重视体育活动对人格整体结构的影响。A型行为模式的特征是缺乏耐心、有强烈的紧张感、过度的竞争意识以及容易被唤起的敌意，它是产生冠心病的一个重要因素，因为其中的负性情绪如抑郁、愤怒和敌意，是引发冠心病的危险因素。就体育活动对A型行为模式特征的影响而言，尽管目前研究结果的说服力还不够，但还是有不少研究发现，有氧锻炼可以使A型行为模式特征发生积极的变化。也就是说，体育活动可以有效地让锻炼者的负性情绪减少，使得人格更加完善，心理更加健康，身体也更加健康。北京大学的老校长蔡元培先生在多年前，提出了“完全人格，首在体育”的观点，不仅具有前瞻性，还有一定的科学性。

运动方案

（一）锻炼大腿

1. 深蹲

图 6-7 深蹲

双脚与肩同宽自然站立，保持腰背直立的情况下下蹲，同时双手直臂向前自然抬起，保持身体平衡，双膝不可内收，膝盖与脚尖方向一致，髋关节下蹲至膝盖以下后起身回至原点，同时双臂下压。每组20～50个，每次做4组，每组休息1分钟（图6-7）。

2. 窄距深蹲

双脚并拢自然站立，保持腰背直立的情况下下蹲，同时双手直臂向前自然抬起，保持身体平衡，双膝不可内收，膝盖与脚尖方向一致，髋关节下蹲至膝盖以下后起身回至原点，同时双臂下压。每组20～50个，每次做4组，每组休息1分钟（图6-8）。

图6-8 窄距深蹲

3. 箭步蹲

单腿向前迈步，双手叉腰，下蹲，保证躯干直立且重心不前倾或后仰。保证躯干与前侧大腿成90度夹度角，两条大腿与小腿之间分别成90度夹角，保证每个动作达到三个90度夹角。在最低点停留1～2秒后向后撤前腿至原点，后撤途中脚不要碰地，然后进行下一条腿的训练。每组每条腿10次，每次做4组，每组休息30秒（图6-9）。

图6-9 箭步蹲

（二）锻炼小腿

单腿提踵

单腿站立保持平衡，在平衡困难时可轻扶支撑物以保持平衡，做支撑腿提踵动作，20 个一组，每条腿 4 组。每组休息 30 秒（图 6-10）。

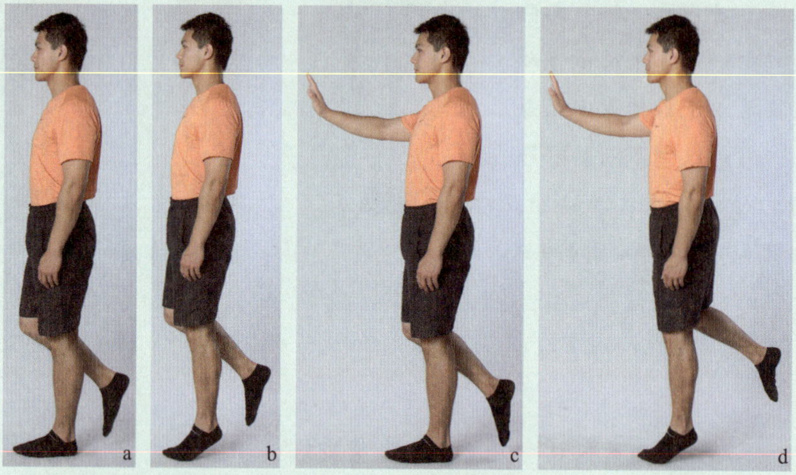

图 6-10　单腿提踵

第四节　要强不仅仅是一种口号：学会在体育活动中培养自尊

自尊作为个体自我系统的重要组成部分之一，是一个起中介作用的人格变量，它与自我概念、自我控制一起构成了自我。自尊对一个人的认知、动机、情感、品德和社会行为均有重要的影响。

体育活动能提高身体自我价值和其他重要的身体自我认知

大多数研究表明，体育活动作为一种手段，可以提高身体自我价值和其他重要的身体自我认知，如身体表象。尤其是那些经常参加体育活动的人，能够从中获得最大限度的自我认知和自尊的提高（包括身体状况较差的人，如中年人、老年人、体重超重者和肥胖者）。积极进行体育活动的儿童比不积极进行体育活动的儿童有更强的自尊心。有氧健身锻炼与自尊心呈中度相关。人们进行体育锻炼，不仅仅是为了增强他们的体质，也是为了获得提高他们自尊和社会心理状态的一种经历。

体育活动对不同性别人群的自尊会产生不同的影响

国内有研究发现，青少年男女在具体身体自尊和身体价值、身体吸引力量表上的评价差异显著，男性明显高于女性。但青少年男女在整体自尊量表和生活满意感量表上差异不显著，即在身体自尊上有差异，而整体自尊上无差异。

体育活动对低自尊者的效果更加明显

研究发现，体育活动对低自尊、低自信、低身体自我价值感、低身体表象的人，对大多数轻度抑郁的妇女，对有身体残疾的儿童和成人，对超重、肥胖的成人和儿童，可能会有较大的效果。对于这些群体而言，将体育活动作为临床治疗的手段，效果更佳。

不同运动方式对自尊的影响有差异

总体来说，体育活动与自尊呈正相关，并且不同的锻炼项目对自尊有不同的影响。各种类型的体育活动几乎都能够对自我认知的变化产生影响。但是，有氧练习和控制体重练习作用更明显，而且，控制体重练习在短期内具有最明显的效果。

有限的研究表明，短期的体育活动往往看不到显著的心理效益，自尊的变化需要更长时间的干预，在促进自尊提高的因素中，不能忽略活动的坚持性。整个活动计划须持续 12 周以上，最好是 6 个月或者更长时间。青少年正处于身体与心理的快速生长发育期，我们建议他们多参与一些强度稍大并伴有一定技巧的体育活动，以提高身心方面的各项素质和能力。具体锻炼方法和方案，可参考本章最后两节的内容。

运动方案

（一）锻炼胸部

1. 普通式俯卧撑

两手支撑在地上或支架上，两手间距比肩稍宽，全臂伸直，两肩和胸略向前，使肩关节的垂直线与地面呈 10 度～15 度角，两腿并拢，以脚趾点地支撑。躯干保持挺胸收紧腰。抬头前引，使胸大肌有充分的伸展感，处于“顶峰收缩”位，稍停。向上撑起时，始终保持身体的姿势，直至两臂伸直。重复 10～20 次，每组休息 1～2 分钟（图 6-11）。

图 6-11　普通式俯卧撑

2. 上斜俯卧撑

在标准俯卧撑动作的基础上将双手垫高 50～70 厘米，更适用于初学者和力量不足的人。重复 10～20 次，每组休息 1～2 分钟（图 6-12）。

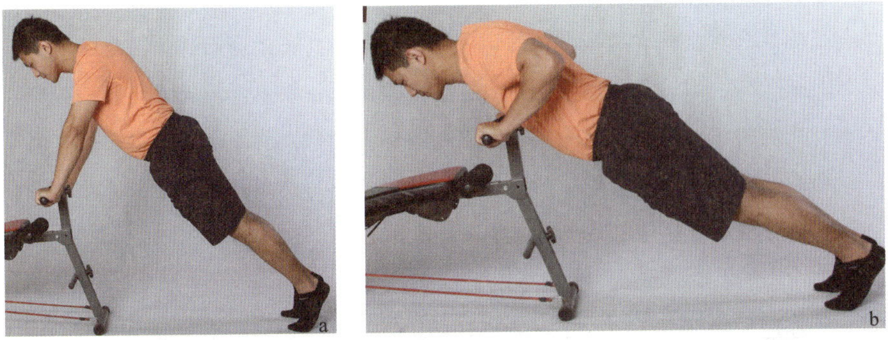

图 6-12　上斜俯卧撑

3. 窄距俯卧撑

在标准俯卧撑动作的基础上将双手之间的间距变为比肩膀略窄。重复10～20 次，每组休息 1～2 分钟（图 6-13）。

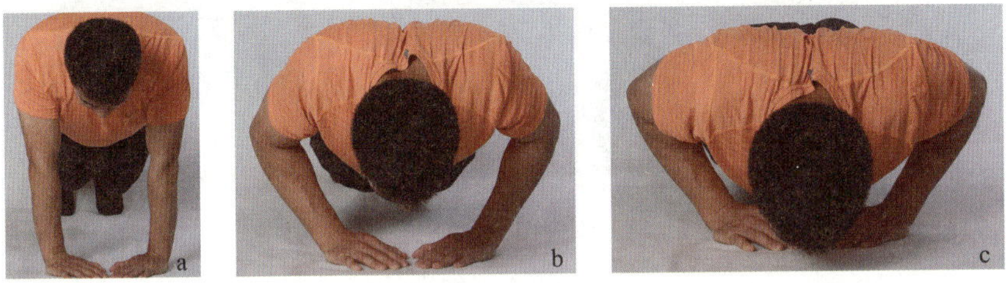

图 6-13　窄距俯卧撑

（二）锻炼肩部

1. 乌鸦式

双腿站立，两脚分开 5～8 厘米，腰部前屈向下，直到双手掌心触到地面。双手紧贴地面，两手距离与肩同宽或稍宽。将手指尽量伸展开来。这会增强做这个姿势时的稳定性。如果感觉舒服多了，可以稍稍向内收敛指尖。将膝放在肱三头肌上。稍稍弯曲肘部，抬起脚趾，尝试将膝盖靠在肱三头肌上，然后最大限度抬高膝盖，离肘部越远越好。想象一下你正在努力把膝盖放进腋窝的场景！目视前方。掌握乌鸦式动作的要领之一是保持目光向前直视。

如果你低头看手或者回头看脚的话，身体很容易失去平衡而摔倒。先从地上抬起一只脚，然后再抬起另一只。身体重心前倾，膝盖慢慢倚靠到肱三头肌上，提起脚掌。不要尝试一下子就完成乌鸦式动作，要逐渐将重心前倾直到双脚离开地面。伸直手臂，抬高背部。等你学会乌鸦式并且能够保持几秒钟这种姿势之后，你可以做一些调整让动作更完美（图 6–14）。

图 6–14 乌鸦式

2. 靠墙顶立

找一面墙，双手手掌平放于距离墙根 15～25 厘米的地面上，双手与肩同宽，双膝弯曲，蹬起靠墙成倒立姿势。上墙之后，只有双脚脚跟与墙壁接触，背部略微向内弯曲成弓形，双臂伸直。每组 30～60 秒，每次做 4 组，每组休息 1 分钟（图 6–15）。

图 6–15 靠墙顶立

3. 侧平举

双手向两侧打开，保证肩胛骨夹紧，肘关节可自然弯曲。重物根据自身情况与环境情况选择（图 6–16）。

图 6–16　侧平举

4. 前平举

手心向下，手臂向前抬至与肩同高后下落至原点。重物根据自身情况与环境情况选择。每个动作做 3 组，每组做 10 个，每组休息 30 秒（图 6–17）。

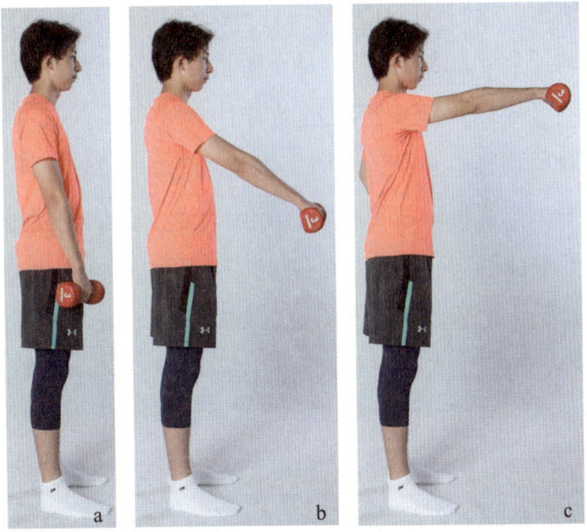

图 6–17　前平举

第五节 坚韧的性格更多来自体育锻炼中的磨砺

近年来，由于马拉松运动的兴起，我们随处可见跑步锻炼的人。客观地说，跑步几乎可以称得上最简单、高效的运动方式之一了。这种朴实的运动在二十万年以前人们追逐猎物的时候，就是人们赖以生存的技能。迈开双腿，摆起双臂，很容易进行这一项简便易行的运动，而且这项运动是其他很多运动项目的基础。田径被称为“运动之母”，而跑则在田径运动中占有非常大的比重。我们可以在其他项目中找到跑的动作。这项运动虽然简单，却可以运动到全身大部分关节，是一项非常有效的健身、健心的运动。

那么，跑步这项运动有什么优点呢。其一，当然是简便易行了。一双运动鞋，一身运动服，没有场地的限制，于田径场、马路上、乡间小路中，你都可以放飞心情，开始奔跑。其二，促进健康。这里的健康不仅包括身体健康，更包括心理健康。不少开始并坚持跑步的朋友表示，自从开始跑步之后，自己变得更加健康、年轻、有活力了。

跑步还有一个非常大的作用在于，它能够磨炼锻炼者的意志。跑步固然简单，但是它也同样枯燥，手臂和大腿几乎一直在重复相同的动作。因此，坚持跑下来的人必须有足够的意志力克服枯燥，克服寂寞。另外，坚持跑步的人都明白，在这项运动中如果想要取得进步，就必须一点一滴地积累，一步一个脚印地跑下去。坚持跑步的人，无疑更加坚韧、更加刻苦努力。

也许有人会说，跑步固然有诸多好处，但是它太过于单调和枯燥，自己很难坚持下去，想要让孩子坚持跑步锻炼更是不可能的事情。想要坚持跑下去，您和您的孩子可能需要以下几种东西。

其一，是目标。目标的激励，对于坚持跑下来，有着非常重大的意义，在你不想坚持下来的时候，想一想自己还未完成的目标，会激发出自己的斗志。这个目标，可以是具体的成绩，如半年后 5 千米跑到 20 分钟以内、马拉松跑进 3 小时；也可以是大致的，如今后的一年内跑步总里程达到 200 千米、一年内完成一次马拉松。需要注意的是，制定的目标一定要切实可行，否则不仅起不到激励作用，还会浇灭自己的信心。

其二，是计划。一个好的目标，可以确定自己锻炼的方向，而一份可行的计划，则会帮你更好地实现目标。你需要具体地将自己或孩子每天的锻炼计划提前制订好，并一项一项列出来，而不是特别空泛地说以后每天要坚持锻炼。请参考如下锻炼计划（表 6–1）。

表 6-1　青少年跑步健身计划

日期	训练内容
周一	5 千米，时间：22 分钟
周三	身体训练 深蹲、提踵、伏地挺身各 3 组
周五	间歇跑 1 千米：4 次，时间：4 分 30 秒 中间休息 5 分钟

注：以上锻炼计划仅作为示例，具体锻炼计划要根据自身情况安排。

其三，同伴支持。对于跑步者而言，一个能一起跑步的同伴会大大激励自己锻炼的行为。对家长而言，如果想要让自己的孩子坚持跑步，自己可以成为孩子的同伴，一同跑步锻炼，一起互相激励，这样，既可以鼓励孩子，还可以激励自己坚持跑步。

虽然跑步是一项简便易行的运动，几乎任何人都“会跑”，但是在跑步的过程中还是有很多需要注意的地方。

其一，是热身和放松。这是很多跑步者容易忽略的地方。很多人可能一上来就开始跑，认为跑步就是热身，没有必要进行热身了。其实不然，因为肌肉具有黏滞性，所以跑前也需要进行相应的热身。热身可以使身体温度升高，心跳、血液流通加快，神经功能被唤醒。跑前的热身可以进行 5 分钟左右的慢速跑，然后活动踝关节，做一做深蹲，活动膝关节，做一做伸屈髋关节和转体活动，然后活动肩关节。整体的热身活动进行 10～15

分钟，然后就可以进行跑步了。另外，在跑步结束之后的放松整理活动也很有必要。跑步后的整理活动会起到放松肌肉、促进恢复的作用。一般的放松活动可以是肌肉的拉伸、放松，对肌肉的抖动按摩等。

其二，日常的身体素质训练也是非常有必要的。有人也许会产生疑问，跑步就是身体素质的训练，为什么还要进行专门的身体素质练习。身体素质练习，尤其是力量训练，不仅可以促进跑步成绩的提高，更能有效地预防伤病。深蹲、提踵等动作能够很好地锻炼下肢力量，另外，靠墙静蹲等静力性练习方式能够刺激到深层肌肉，预防膝关节伤病的发生。此外，腰腹肌的力量在跑步时起到稳定躯干的作用，平时也需要多加练习。

其三，跑步的正确姿势也是跑步过程中非常重要的一部分。这里，简单介绍一下正确跑步姿势的一些要点。首先，跑的过程中身体保持正直、躯干要保持稳定，不要过度前倾或者后倒，更不要左右摇晃；其次，手臂弯曲，以肩关节为轴做前后的摆动，摆动过程中，肩关节要保持稳定，动作要放松；再次，跑步过程中，脚落地时膝盖微曲，以提供足够的减震和动力；最后，在跑步过程中，身体不要僵硬，一定要保持放松的状态。另外，关于跑步时脚的哪个部位先着地的问题，不同脚型、不同训练水平、不同训练方式都会有不同的结果，这里就不讨论了。

最后要强调的是，进行任何形式的体育锻炼，都需要长期坚持，运动是促进心理健康的良药，但是这味良药需要服用很长时间才会发挥效用。因此，一定要坚持下去才会有所收获。

第六节　拼搏的勇气在体育锻炼中养成

如果有人问体育活动带给人们最宝贵的财富是什么，我会毫不犹豫地回答，是拼搏的精神。体育活动，是挑战对手、挑战自己的活动，在这中间，很容易激发出自己挑战的斗志和拼搏的勇气。

说到拼搏的精神我们就不得不说球类运动，这类运动由于其强烈的对抗性，很容易让人们联想到两军对战的情景。正所谓赛场如战场，两军对垒，在战斗力相当的情况下，哪一方意志力更加坚定、更加敢于拼搏，哪一方就会最终走向胜利。而如果当你遇到比你强大的对手时，更能激发出你无限的潜力。

熟悉 NBA 的朋友，肯定都知道“麦迪时刻”。2004 年 12 月 9 日，休斯顿火箭队对战圣安东尼奥马刺队，距离全场比赛结束仅剩 44 秒的时候，火箭队 68∶76 落后 8 分，大部分人认为这场比赛胜负已分，火箭队的球迷也有很多已经提前离场。但是，在这种近乎于绝境的情况下，场上的运动员依然没有放弃比赛，他们还抱着血拼到底的信念在顽强拼搏。在这种信念的支撑下，麦迪——这位奇迹的缔造者，在最后的 35 秒内狂砍 13 分，实现了惊天逆转。这即是拼搏精神的具体体现。

赛场如战场，战场上有顺境，也会有逆境，甚至绝境，这种逆境会激发对于生的渴望，对于胜利的渴望。正所谓“投之亡地而后存，陷之死地而后生”。很多时候，逆境下的斗志要远远超过顺境时的斗志，背水一战的道理就在于此。2018 年 3 月 25 日，由 C 罗领衔的葡萄牙队对战埃及队。在比赛的下半场，埃及队首先破门，1∶0 领先葡萄牙队。葡萄牙队的主教练甚至都已经放弃比赛，想要将主力换下。但是，作为球队队长的 C 罗并没有放弃比赛，他还保有顽强的斗志和求胜的欲望，坚持留在场上。终于，在最终的伤停补时阶段，他在第 92 分钟和第 94 分钟各进一球，将比分逆转。要知道，足球比赛的进球是非常难的，有不少情况一场比赛下来都不会有进球，C 罗进两球逆转比分的难度可想而知，而且是在最后的伤停补时阶段。可以说，如果不是顽强的拼搏精神，他是不可能在最后阶段那么专注，也不可能上演这样近乎惊天的逆转。

很多人说，现在的生活条件越来越好，孩子在成长过程中没有经历过大的磨难，变得十分娇气。诚然，安逸的生活的确会让人丧失斗志。但我们想说的是，想要培养孩子敢于吃苦、敢于拼搏的精神，你不妨选择体育活动的方式。正如上文所说，体育活动会激发孩子敢于挑战、敢于拼搏的精神，让他们明白不到最后一刻决不放弃的道理。而假如你的孩子某天在逆境中实现逆转，那种感觉则会让他们永久铭记。

另外，在体育活动中，讲求“一分耕耘，一分收获”，你想要获得多大的成就，取得多大的进步，很大程度上取决于你拼搏的程度。说到拼搏，那就不得不提到邓亚萍。这位身材矮小的运动员，依靠自己的拼搏，依靠自己的努力，战胜了自己的弱点，更战胜了对手，站在世界最高的领奖台上。正如前国际奥委会主席萨马兰奇对她的评价：一个自身条件并不好的女孩，能够长久称霸女子乒坛，在邓亚萍身上我看到了奥林匹克精神；邓亚萍那种不服输的劲头，代表了运动员的风貌，也完美地诠释了奥林匹克的精神。进行体育活动，是在挑战你的对手，但更是在挑战你自己，体育活动的过程，就是拼搏的过程、奋斗的过程。

青少年处在身体发育的非常时期，同样也处在人格形成的关键时期，因此，他们非常有必要接受体育活动的洗礼与磨炼，这样他们才更容易形成敢于吃苦、坚韧不拔、敢于拼搏的顽强人格。但是，需要明白的是，人格的形成不在一朝一夕，体育活动对人的影响同样也不在一时一刻。只有长期坚持运动，才能体会到运动独特的魅力，才能收获身体与心灵的双重健康。请参考如下锻炼计划（表 6–2）。

表 6-2　青少年篮球健身方案

内容	具体锻炼内容
准备活动	1. 绕篮球场慢跑 3 圈 2. 活动髋、膝、踝、肩、肘、腕关节，活动腰部，拉伸韧带
锻炼主体	1. 单手运球练习。左右手各 50 次，共 3 组 2. 双手运球练习。左右手同时运球，主要练习运球时的球感，30 次 / 组，共 3 组 3. 运球急停跳投。三分线外运球出发，进三分线后做急停跳投，10 次 / 组，共 3 组 4. 纵跳摸高练习。可设置某一目标，进行纵跳摸高练习，可原地起跳也可助跑起跳，6 次 / 组，共 4 组 5. 对抗比赛
放松活动	每次锻炼结束可以对主要肌群如下肢、腰部、肩部进行按摩放松，并可以进行静力性拉伸，以促进肌肉的放松与恢复

注：以上锻炼计划仅供参考。

第七章

运动对于女性而言尤为重要：体育活动对女性健康的作用

章节导语

女性一生中要经历月经来潮、怀孕分娩、更年期等几个人生重要阶段，在这几个阶段，体内的激素水平会产生较大的波动，当激素控制一切的时候，带来了许多女性常常感受到的挫败感，导致一系列生理及心理上的不适，研究表明，运动能缓解激素变化带给某些女性的消极作用，对另一些女性来说，运动能够增强激素带来的积极影响，因此，运动不仅每月平衡着女性的激素系统，包括女性孕期和更年期在内的每个阶段，还能调整整个激素系统。

第一节 来事前总想发火？体育活动缓解经前期综合征

女性一生中平均要经历400～500次经期，每次要历时4～7天。如果把它们累计在一起，其相当于9年左右的时间，而对那些患有经前期综合征（PMS）的女性而言，那是相当难熬的时间。

据不完全统计，接近75%的女性经历过某种形式的经前期障碍：要么是生理的，要么是心理的，或二者兼有。而且部分女性的经前期综合征（PMS）极为严重，甚至干扰了她们的正常生活（其中有14%的人因为经前期综合征而无法正常上学或工作），比如，情绪上出现的疲劳、易怒、焦虑、烦躁、注意力难以集中、夜晚难以入睡、渴望吃含糖食物等。更为严重的甚至会出现剧烈的腹痛及呕吐，令身处其中的女性难以忍受。《精神疾病诊断与统计手册》（DSM）在1994年的第2版中将经前期综合征从“晚黄体期焦虑症”（LLPDD）改成“经前焦虑症”（PMDD）。不过PMDD诊断标准非常严格，因此大部分我们称为与PMS症状做抗争的女性被排除在外。但不管称呼如何，DSM中描述的任何一个症状都影响了我们的生活质量。

下丘脑或脑垂体分泌促性腺激素，这种激素作用到卵巢，触发其分泌大量的雌激素和孕酮，在女性排卵前，体内雌激素浓度达到峰值，是基础水平的5倍。随后，经前两周内，雌激素水平依照上下起伏的模式变化，直到月经结束后才稳定下来。排卵后，孕酮浓度间歇性地上升（是基础水平的10倍左右），在月经来潮之前达到峰值。女性怀孕期间，雌激素水平飙升至基础水平的50倍，而孕酮也增至10倍。女性到了更年期，这两种激素都会衰减直至几乎消失。

如果你有PMS症状，运动绝对不是唯一的解决办法，但运动可以明显减轻症状，同时助你一臂之力应对你那感觉失控的生活。一项针对 800 名女性的调查，其中至少有一半的人利用运动来缓解 PMS 症状。除了减少生理疼痛之外，调查报告还说，运动的女性在注意力、情绪和无常行为评估上的表现会更好。

运动缓解经前期综合征的机制是，运动增加了血液中色氨酸的浓度，由此提高了大脑内血清素（抑郁症与血清素缺乏有关）的浓度。运动同时还平衡了多巴胺、去甲肾上腺素以及 BDNF 这类突触的介质（传递思维和情感的重要神经递质）。通过稳定平衡一系列的变量，运动缓解了激素变化带来的连锁效应。雌激素和孕酮都可转换成几十种激素衍生物，这些激素衍生物调节了脑部主要的兴奋型和抑制型神经递质——谷氨酸盐和 γ-氨基丁酸（GABA）。在经前期的激素波动过程中，这些相互间有关联的衍生物水平出现异常，由此导致大脑情绪回路系统中的神经细胞过度兴奋。这时如果产生太多的谷氨酸盐或 GABA 的量不足，就可能发生这种情况，不论哪个方面失常，神经细胞的过度活跃都会导致心神不定、焦虑发作、出现挑衅行为，甚至是疾病发作。

运动对 GABA 系统有着广泛的影响，它可以抑制细胞的过度活跃。对某些女性而言，在她们情绪紊乱的那几天，运动可以平衡大脑内活跃的反作用力。运动调节着下丘脑—脑垂体—肾上腺轴，提高我们应对压力的能力。因此，运动不仅提高了体力和活力，对其他症状也产生了巨大影响。

建议接受激素替代疗法（Hormone Replacement Therapy，HRT）的年轻女性选择每周进行 5 天同等强度的有氧运动，最好的办法是，用两天时间选择疾跑等更剧烈的短时运动。有研究表明，从事更剧烈的短时运动对易怒、焦虑、抑郁和情绪不稳等症状有更显著的改善作用。如果女性的 PSM 症状特别严重，而且伴有痛经，那么在月经前的那几天，每天进行短时剧烈的运动或许是个好主意。

研究人员比较了一群处在更年期的中年女性进行有氧运动和力量训练对于经前期综合征的影响。有氧运动组 12 名女性每天以 70%～85% 最大摄氧量进行 30 分钟长跑，并搭配 15 分钟热身和放松运动。另一组的 11 名女性每天在指导下进行负重力量训练。结果两组经前期综合征症状都有改善，但是有氧跑步组改善效果更加明显。

经前期的运动方案

经前一周不要练习很难或很复杂的姿势，否则可能会干扰肝、脾功能，进而导致月经周期紊乱或出血过多。温和的姿势练习或散步等轻微的运动是最理想的，每天步行 15～30 分钟有利于促进骨盆区域的血液循环，缓解经前期综合征。

你也可以选择以下方法进行室内的身体练习。

（一）体式动作

如果你感觉疲惫，那么就从第 1 部分的体式开始练习。如果你不累，但是经前的紧张令你血压飙升（症状之一是耳鸣），或者你难以厘清思绪、集中精神，那么就从第 2 部分开始。

1. 振奋疲惫的身体

仰卧束角式Ⅰ，扩展胸腔、缓解疲劳。保持 5～10 分钟（图 7-1）。

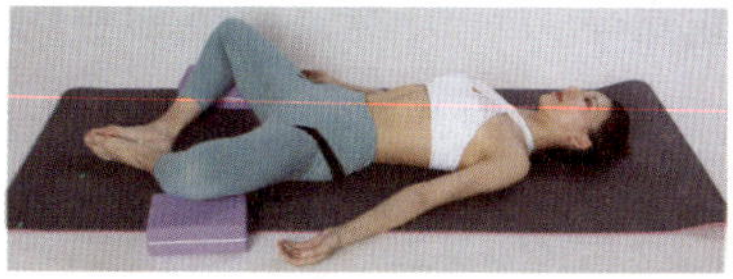

图 7-1　仰卧束角式Ⅰ

2. 缓解精神紧张

在头部有支撑的情况下，练习第 2 部分的体式，让身心平静，并为第 3 部分的倒立做准备。

（1）英雄坐扭转两边各保持 10～20 秒（图 7-2）。

图 7-2　英雄坐

（2）头部有支撑的下犬式保持 30～60 秒 (图 7-3)。

图 7-3　下犬式

3. 平衡激素并稳定情绪

支撑肩倒立 I 是一个有支撑的倒立，能缓解焦虑并消除恼怒。如果你有高血压，那么在支撑肩倒立 I 的前后各练习 3 分钟的半犁式。

（1）支撑肩倒立 I 保持 2～5 分钟（图 7-4）。

图 7-4　支撑肩倒立 I

（2）半犁式保持 5 分钟（图 7-5）。

图 7-5　半犁式

4. 舒缓神经并镇静头脑

通过练习第 4 部分的坐姿前屈姿势，可以使身心平静，心智和情绪的混乱被平和取代。单腿头碰膝式可以帮助血糖回到正常水平，并控制过盛的食欲。

（1）单腿头碰膝式两边各保持 30～60 秒（图 7-6）。

图 7-6　单腿头碰膝式

（2）双腿背部伸展式保持 1～5 分钟（图 7-7）。

图 7-7　双腿背部伸展式

5. 减轻焦虑并休息

倒箭式帮助稳定情绪，提供深度的、彻底的休息，促进头脑的平和与清晰。

（1）倒箭式保持 5～10 分钟（图 7-8）。

图 7-8　倒箭式

（2）摊尸式保持 5～10 分钟（图 7-9）。

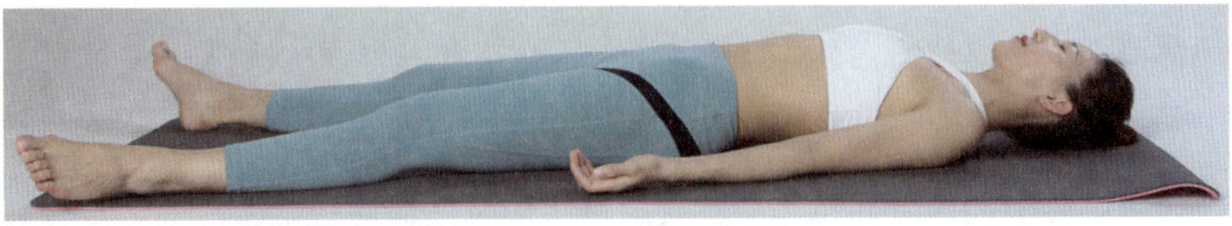

图 7-9　摊尸式

（二）语音冥想

瑜伽语音冥想能缓解经前期综合征加剧的压力和焦虑，已得到了科学研究的证实。月经前几天和经期，妇女会变得情感脆弱，将压力放大。由于压力直接影响肝脏的功能，并造成激素分泌失调，因此，在这段时期减少压力特别重要。每天花些时间练习瑜伽语音冥想，对于将压力保持在最低水平很有帮助，还有助于我们应对焦虑和情绪低落。

练习方法：舒适坐姿，立直背部，闭上双眼，深长缓慢呼吸 5 次，吸气时心里默念“OM”，呼气时发出“OM”音（“M”音长于“O”音），连续练习 15 次。练习时将意识专注在自己的瑜伽语音上。

饮食上的注意事项

根据有关医学专家的建议，吃以植物为主的低脂饮食是妇女缓解轻度和中度经前期综合征的一种方式。要使月经更顺畅并减少疼痛，可以参考下面的瑜伽饮食指南。

1. 增加钙、镁元素的摄取

钙能帮助防止肌肉痉挛和疼痛，而镁能促进钙的吸收。所以，将豆腐、蔬菜、豆类、果仁、乳制品、荞麦和全麦粗粮等富含钙、镁和维生素的食物纳入我们的饮食，是个好方法。

2. 避免摄入咖啡因

当我们需要增加体能时，巧克力、咖啡、红茶、可乐等含咖啡因的饮料看起来似乎是个好选择，但咖啡因提供的只是突发精力，待突发精力使用殆尽后，随之而来的就是精力崩溃，并不能持续为身体提供动力。此外，咖啡因还会导致激素分泌失调并加剧经前期综合征。因此，不如试试用薄荷、生姜或甘菊之类的健康花草茶代替富含咖啡因的饮料。

3. 断食或吃易消化的食物

来月经的前一天和第一天断食，对于缓解经期症状极有帮助。吃易消化的食物，有助于预防经前期综合征、月经不调等许多与月经相关的病症。

4. 尽量避免食用生冷食物和饮料

保暖对于减轻经前期综合征的症状很重要，因此，在经前期要尽量避免食用生冷食物和饮料，特别不要食用冰激凌或冰冻酸奶；避免手脚浸在冷水中工作，尤其是在天凉的时候；要确保穿得够暖。

其他注意事项和建议

1. 保证充足的睡眠

良好的睡眠能够为体内各系统和器官补充精力并增加活力，从而减少各种月经问题的困扰，缓解经前期综合征的相关症状。

2. 热敷脐轮

在经期前 3 天或出现痛经的初步迹象时，把包着毛巾的热水袋放在脐轮部位（肚脐稍往下的位置）热敷，每天 2 次，每次 15～20 分钟，可以改善腹部血液循环，放松肌肉，减轻疼痛。

第二节　孕妇宜静不宜动？孕妇更需要规律的体育活动

“在妊娠期应该停止运动”的观念是流传时间最长的关于女性健康的传言。人们把妊娠期看成限制行动的时期，这段时间要待在家中、减少活动并卧床休息。运动？那是绝对不可能的！

2002 年，美国妇产科医师协会（American College of Obstetricians and Gynecologists，ACOG）开始建议，孕期和更年期女性每天至少进行 30 分钟中等强度的有氧运动。并且，ACOG 首次建议不爱运动的女性怀孕期间开始锻炼，可大幅度降低怀孕期间发生糖尿病、高血压和先兆子痫的风险，从而避免危及母亲和胎儿的疾病。

许多孕妇并不清楚自己所能做的事，她们想的更多的是如何避免危险的事而不是可以做些什么。如果她们了解运动不仅能降低孕期风险，还能改善自身和胎儿的生理和心理健康，那么她们在活动时就会更轻松。

女性怀孕期间，雌激素水平飙升至基础水平的 50 倍，孕酮也增至 10 倍，在某些情况下能稳定情绪、缓解焦虑和抑郁。甚至有些注意力缺陷多动障碍的女性在怀孕期间可以安静地看书。不过，身体对激素的反应因人而异，有些女性在怀孕时就焦虑不安。孕妇的心理状态可以影响胎儿的发育。压力、焦虑和抑郁对孕期有极为可怕的影响，甚至会导致流产、出生体重低、先天畸形及婴儿死亡。心情不好的孕妇生出来的婴儿更敏感、反应更慢、难以安抚而且有着难以预测的睡眠习惯。在一些后续跟进的实验中发现，这些婴儿更有可能表现出过度活跃和认知力缺陷。

2007 年，英国的一项研究把 66 名健康孕妇分为 4 组，来评估单次运动对情绪的影响。4 组人分别在跑步机上行走、游泳、参加一次艺术手工课或什么也不做。结果是两组运动女性的情绪都得到了进一步提高。另外有研究表明，运动可以减轻恶心、疲倦、关节与肌肉疼痛以及脂肪堆积。运动使发生血糖水平异常的风险减少了一半。很明显，运动对孕妇有帮助。

德国一项研究表明，运动对痛苦的分娩过程也是有帮助的。该研究招募了 50 名孕妇，她们都同意重复骑 20 分钟自行车、评估疼痛等级、抽血检验内啡肽水平的过程，一直到分娩结束。84% 的产妇表示，运动期间的宫缩疼痛比静止时要轻，而且疼痛程度与内啡肽的水平成反比。得出结论：分娩期间在健身自行车上运动对胎儿是安全的，它不仅是促进宫缩的刺激因素还是止痛剂。

孕期是宝宝大脑发育的关键

詹姆斯·克拉普（James Clapp）既是产科医生，也是凯斯西储大学（Case Western Reserve University）的生殖生物学教授，他致力于研究运动对胎儿的影响已经有 20 多年了。他在 2002 年发布的著作《怀孕期的运动》（*Exercising Through Your Pregnancy*）在很大程度上源于其对数百名女性的长期研究的确凿证据。他的研究记录表明，运动的产妇和不运动的产妇产下的婴儿在体重及颅骨大小方面没有区别。利用运动作为母亲与胎儿生长之间的能源通道，保证了胎儿所需的营养物质和氧气。克拉普以及其他人的研究表明，多运动的产妇产下的孩子更瘦，你可能会为此担忧，不过在一年之内这种现象就完全消失了。

运动不仅无害，而且益处颇多，甚至让人惊讶。克拉普在一项研究中比较了 34 名运动产妇与 31 名不运动产妇的新生儿在 6 个评估项目中有两项表现更好：一是，他们对刺激有更多的反应；二是，在声音或光的干扰下自我镇静的能力更强。克拉普认为这个结果意义重大，因为这表明相对不运动的产妇，运动的产妇所生的婴儿神经系统更发达。原理是，运动推挤了子宫内的胎儿，这种刺激与我们抚摩和拥抱新生儿的效果异曲同工，增进了大脑的发育程度。再对照这两组孩子 5 岁时的结果，克拉普发现他们在行为及大多数认知评估中没有差别，但在智商和口语能力方面有统计学上的显著差异：运动的产妇生的孩子表现更出色。

女性在怀孕期间保持一定的身体活动可以增加胎儿大脑细胞的神经营养供应。这样的改变很大程度优化了学习、记忆和整个心理状态。如果你在怀孕期间坚持运动，就有可能对你孩子未来的大脑产生极为有益的影响。

孕妇健身小贴士：

美国妇产科医师学会建议，健康女性在妊娠期每天进行 30 分钟中等强度（最大心率的 50%～60%，或心率范围在 120～150 次 / 分）的有氧运动。除产科医生不允许，对大多数孕妇而言，运动是安全的。同样，生完孩子就应该尽快恢复自己的常规运动，要是几周内能恢复是最理想的，这点非常重要。虽然运动可能会带来一定的疲劳，但实际上运动还能减少疲劳感，因此，适当的运动能解除焦虑和抑郁。

身处孕期的你还须注意如下事项。

准备怀孕时或刚怀孕时，不做剧烈运动，那样会导致压力上升，不易受孕和保胎。

需要根据练习感受和出现的症状调整练习。

规律练习，最好每周 3 次。

怀孕 3 个月后，不要做仰卧位的身体练习，那样容易压迫下腔静脉，导致头晕。

运动前增加热身时间，运动后增加放松时间。

轻度或中等强度的练习为宜，避免运动出现明显的疲劳。

根据练习感受调节运动强度，不仅仅是看心率指标。

第三节　绝经像一场灾难：用运动控制绝经后的不适症状

女性在四十岁到五十岁，月经周期开始紊乱。月经或者突然停止，或者变得不规律，或者月经量减少。所有这些都是生育功能丧失的自然信号。随着卵巢功能的衰竭，其他腺体如甲状腺和肾上腺变得异常活跃，出现了激素分泌的紊乱。因此，女性会出现脸上发红、高血压、胸部肿大、头痛、肥胖、失眠等症状；免疫系统减弱，身体对寒冷和传染病更为敏感，尤其是泌尿系统；其他身体变化，包括糖尿病、骨质疏松和行动迟缓。由于出现代谢过程和情绪状态的变化，女性必须通过提高生理和心理的稳定来面对这些问题。此时会出现情绪波动、心理失衡和焦躁导致的易怒、忌妒、抑郁、恐惧和担忧——由于女性意识到自己已经失去了女性特征之一，沮丧、焦虑、缺乏自我认同感和容易不满等情绪也通常会在这个时期出现。在这个关键时期，练习瑜伽体式极其有用，能够帮助更年期的练习者保持激素水平的稳定，控制体重，促进消化系统健康，放松神经系统使其心平气和。

精神紧张是一种现代文明病，它是人体对现代生活节奏加快及工作紧张等刺激做出的反应。精神紧张会导致体内一些激素的分泌失去平衡、心跳加快、血压升高、新陈代谢紊乱。与压力有关的紧张主要储存在肌肉、横膈膜以及神经系统当中。如果这些身体部位得到放松，压力也就减轻了。绝经将引发激素水平的改变，可能导致出汗、潮热、抑郁、失眠和情绪波动。以下练习能够减轻上述症状。

运动方案

1. 手杖式

坐立。将臀部肌肉向两侧分开，身体重量均等地落于两坐骨上，均匀呼吸（图 7–10）。

图 7–10　手杖式

2. 坐角式

坐立，双腿向两边尽量分开，双手放于臀部后侧，手掌落于地面，大腿外旋，脚趾向上立，停留 1 分钟（图 7–11）。

图 7–11　坐角式

3. 束角式

坐立，双腿屈膝，两脚脚底相对，两手放于臀部后方，或手抓脚背，立直背部，上提并舒展胸廓，打开腹股沟，腹部内收，停留 1 分钟。保持双腿位置，平躺下来，腰部后侧有不适感的，垫上软垫子（图 7–12）。

图 7–12　束角式

4. 英雄式

跪立，双脚分开，两腿膝关节后侧放上毯子，脚踝脚背僵硬的练习者可以在脚背下放软垫以降低难度，脚趾朝向后方，停留 30～60 秒（图 7–13）。

图 7–13　英雄式

5. 仰卧手抓脚腕伸展式＋外展

仰卧，屈右膝，靠近腹部，右手双手握住右脚掌，慢慢蹬直右腿，腿无法蹬直的，将毛巾或瑜伽带固定于右脚，手抓毛巾或瑜伽带，蹬直右腿，左大腿蹬直下压地面，停留30～60秒。然后，换对侧练习（图7-14）。

图7-14　仰卧手抓脚腕伸展式＋外展

6. 双角式 / 加强腿部伸展式

站立，双脚分开一腿宽，两脚内侧平行，脚趾向前，双手放于髋部，大拇指放于背部，其余四指在前，吸气时，抬头伸展脊柱，呼气时上体前屈，两手落于两肩正下方，手掌平放于地面，手指张开，弯曲手肘，头部放于两手之间，头部不能落地的，将头部下方垫上软垫子或瑜伽砖，保持自然呼吸。停留 5 个呼吸（图 7–15）。

图 7–15　双角式 / 加强腿部伸展式

7. 下犬式

跪立，双膝双脚分开与两肩同宽，双臂向前伸直，手掌压地，脚趾蹬地，伸展双腿，抬高臀部，脚跟落地，手臂伸展，脊柱伸展，扩展胸廓，头在两侧大臂之间，身体呈三角形，保持5个呼吸（图7-16）。

图7-16　下犬式

8. 站立前屈式

山式站立，手臂上举过头，吸气伸展脊柱，呼气，上体带动背部向前向下，翻转臀部肌肉向上，腹部靠向大腿，背部头颈放松，两手落地，保持5个呼吸（图7-17）。

图7-17　站立前屈式

9. 侧角伸展式

山式站立，双脚分开一腿宽，右脚尖外展，左脚尖内扣，右脚跟与左脚心在一条直线上，屈右膝至大腿与地面平行，右膝在右脚跟正上方，身体侧弯向右，右手落于右脚外侧，左手臂向上伸展，左掌心朝前，转动头部，眼睛看左臂上方，背部脊柱延展，身体在一个平面上，停留 30 秒。换对侧练习（图 7-18）。

图 7-18　侧角伸展式

10. 三角伸展式

山式站立，双脚分开一腿宽，右脚尖外展，左脚尖内扣，右脚跟与左脚心在一条直线上，身体向右侧侧屈，右手落在右脚后方，如无法落地，用硬质的物体垫在手掌的下方，左臂向上，尾骨内收，背部平直，身体在一个平面之内，转头看左手拇指，停留 20～30 秒。换对侧练习（图 7-19）。

图 7-19　三角伸展式

11. 山式

手的位置有以下 5 种，手下垂、双臂向上、十指交叉、双手背后合十、双手背后相扣。停留 1 分钟（图 7-20）

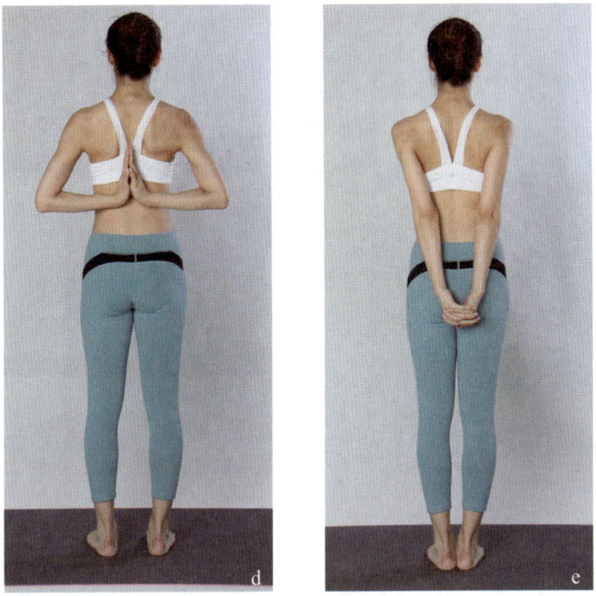

图 7-20 山式

12. 头碰膝前屈式

坐立，双腿蹬直，背部立直，双手上举伸展过头，吸气，伸展胸廓，呼气，从髋关节前侧将躯干向前屈，保持背部伸展，落手放于固定位置，若头不能放于小腿上，将小腿上方头部下方垫上一个软垫子或瑜伽抱枕，停留 1 分钟（图 7-21）。

图 7-21 头碰膝前屈式

13 桥式

平躺于垫子上，屈双膝，双脚分开与两髋同宽，双脚内侧平行，两臂放于身体两侧，吸气，双脚用力蹬地，收紧臀部肌肉和背部肌肉，上抬至最高，手臂双手压地，下颌内收，停留30秒（图7-22）。

图7-22 桥式

14. 倒箭式

平躺于垫上，腰部下方垫上垫子，将双腿立直靠在墙上，双手放于身体两侧，停留3分钟（图7-23）。

图7-23 倒箭式

15. 摊尸式

仰卧，双脚分开与肩同宽，两脚尖自然外展，分开双臂在身体两侧，空出腋窝位置，掌心向上，舒展整体脊柱，双眼闭合，自然呼吸，停留5分钟（图7-24）。

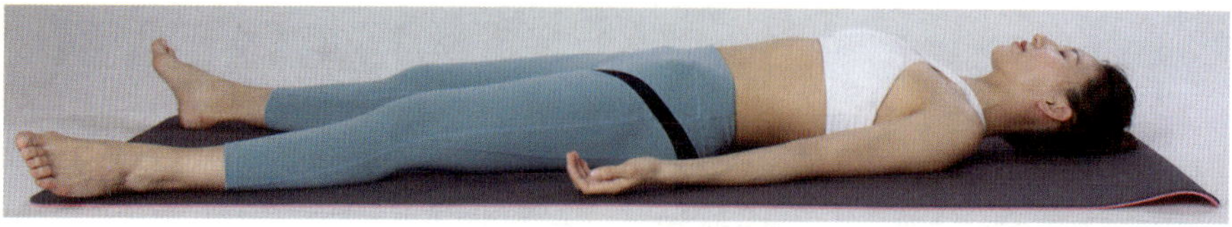

图7-24 摊尸式

改善内分泌失调的饮食

1. 多吃黄色食物

黄色食物包括黄豆、柠檬、豆腐、南瓜、玉米和香蕉等，不仅在身体状况不好的时候吃会很有效果，在平时的一日三餐中，经常吃一些黄色的食物还可以增强胃肠功能，改变寒性体质，利于代谢功能的增强和保持女性激素的分泌能力。

2. 多吃绿色食物

绿色食物包括西兰花、生菜、芹菜等，它能够健肾、健肝、健脾。脾健康的话，能够很好地消化吸收对肾、肝、脾有益的食物，维持激素分泌的平衡，避免身体出现不良状况。

3. 多吃新鲜蔬菜水果

新鲜蔬果含有丰富的营养元素，如维生素 A、维生素 C、维生素 E 和抗氧化剂等，不仅有抗衰老等功效，还有助于调节内分泌。

4. 多吃富含钙和 B 族维生素的食物

富含钙质的食物包括牛奶、奶酪、绿叶蔬菜、干豆和酸奶等，富含 B 族维生素的食物包括鸡、鱼、鸡蛋、谷类、豆类和坚果等。常吃这两类食物有助于保持内分泌平衡。

5. 适当补充含优质蛋白质的食物

鱼类是富含蛋白质的食物之一，而且含有丰富的 Omega-3、Omega-6 和 Omega-9 油，这些脂肪酸都是脂肪的最佳来源，每周食用两次鱼肉，将有助于保持内分泌系统的平衡。

6. 中药作为我国医药史上的瑰宝，其对各种疑难病症都自有一套疗法

对于维持内分泌平衡，一些中药同样有效，包括人参和银杏等。人参是高激素食品，有助于保持人体激素平衡。

总之，内分泌失调吃什么对康复很重要，主要以清淡、新鲜饮食为主，切忌辛辣和刺激性的食物，以免再次破坏内分泌系统。

缓解精神紧张的饮食疗法

1. 红菱汁：新鲜红菱 1 000 克，白糖适量。红菱洗净，剥去外壳，捣烂，绞取自然汁，放置一宿，再加入白糖少许，隔汤炖至略温，即可饮用。红菱汁味似雪藕，暑热季节饮用红菱汁，具有清暑解热、养心怡神的功效，有助于缓解紧张的情绪。

2. 酸枣仁金针菜：酸枣仁 20 粒，黄花菜（金针菜）20 根。将酸枣仁、黄花菜炒至半熟，研成细末，每晚睡前服用 1 剂。本品可养血、安神、解郁，主治神经衰弱、精神紧张、头昏乏力等症。

当然你还有其他的选择——有氧跑步

研究人员比较了一群中年女性进行有氧运动和力量训练对于经前期综合征的影响。有氧运动组 12 名女性每天以 70%～85% 最大摄氧量进行 30 分钟长跑，并搭配 15 分钟热身和放松运动。另一组的 11 名女性每天在指导下进行负重力量训练。结果两组经前期综合征症状都有所改善，但是有氧跑步组改善效果更加明显。具体练习方法，你可以在本书第四章第二节、第五章第四节以及第六章第五节中找到具体方案。

第四节　运动越早开始，生命质量越有保障

运动刺激神经递质和新生神经的产生，并引起大脑一些关键区域产生更多的神经递质受体，激活相关基因保持这种有益循环的运转。对所有女性而言，生命的原动力至关重要，对绝经后的女性更为关键。毕竟，她们在激素耗尽后还要生活几十年。

对于年轻女性来说，运动的一大动机就是保持身材和健康，额外的奖励是，努力保持身材的女性情商和智商都不差。对于年轻的健康女性而言，建议每周至少 4 天到户外快步行走、慢跑或打羽毛球 / 网球等一些能

让你心率增快到最大心率 60%～65% 的活动，而且必须坚持 1 小时以上。人们总是想知道哪种类型的有氧运动最好，实际上，任何一种能融入你生活方式的有氧运动都是最好的。重要的是坚持这项运动，同时确保能达到运动效果的心率强度。与此同时，结合每周两次的力量型锻炼，以预防骨质疏松症。

青春期少女健身健心要点

当女性成熟时，她的生理功能逐渐完善。青春期是从青少年到成年人过渡的生长发育期。这个时期，身体和精神都发生着重要的变化。位于子宫两侧的女性主要生殖器官——卵巢开始每个月产生一个卵子，且每个月这个卵子都会发育成熟。这种生育成熟过程开始于 12～15 岁，结束于 45～55 岁。月经是女性子宫内膜周期性脱落引起的。它是一种纯粹的生理过程，是为女性的生育做好准备的自然功能。调节控制这一生理现象的人体组织是脑垂体，它位于大脑的底部，分为前后两个部分。前部垂体细胞的分泌促进女性的生殖；后部垂体调控细胞分泌，并且滋养子宫附近的肌肉，使子宫正常发育。正常的月经依靠卵巢的正常活动，而这种正常活动又依靠健康的脑垂体。卵巢规则的节律或循环也依靠和脑垂体紧密连接的丘脑下部。

在身体开始发育成熟的青春期，练习以下体式动作对于身心的调节非常有效。

（一）向后弯的体式可以有效刺激脑垂体，如站立后仰、俯卧蛇式、猫式呼吸、上犬式等

1. 站立后仰

站立，双脚并拢，吸气，手臂伸展过头在脊柱延长线上，收紧臀部、下腹部及大腿前侧肌肉，呼气，上体后仰，吸气还原，配合呼吸练习10次（图7–25）。

图7–25 站立后仰

2. 蛇式

俯卧，双手放于胸部两侧，双手手指大大张开，额头点地，夹紧大臂，收紧背肌，吸气，抬起背部，胸腔上提前推，呼气，抬头，脊柱后弯，收紧臀部、下腹部及大腿前侧肌肉，脚背压地，脚趾向后延伸（图7–26）。

图7–26 蛇式

3. 猫式呼吸

跪立，双手手指大大张开，中指向前，放于两肩正下方，手臂垂直于地面，双膝、小腿、脚背向下压地，大腿垂直于地面，吸气，尾骨向后向上翻转，脊柱下凹，胸腔向前向上提，抬头，眼睛看前方天花板，呼气，收尾骨，将背部脊椎自下而上慢慢向上拱起，低头，配合呼吸持续练习 10 次（图 7-27）。

图 7-27　猫式呼吸

4. 上犬式

婴儿式，手臂前伸，双手分开与肩同宽，吸气，身体向前移动，手臂伸直，上体后弯，抬头（图 7-28）。

图 7-28　上犬式

（二）向前屈的体式，如坐立前屈、束角式、站立前屈、下犬式等，可以将新鲜的血液输送到骨盆附近的器官

1. 坐立前屈

坐立，双腿并拢蹬直，脚趾回勾，背部立直，双臂上举过头，吸气，提拉胸腔和脊柱前侧，呼气，躯干从髋关节前侧向前屈，手臂伸直，保持背部平直，到最大的位置，落手放于垫上，肩部放松，保持3～5次呼吸（图7-29）。

图7-29　坐立前屈

2. 束角式

坐立，两脚脚底板相抵，双手十指交叉，握于两脚脚背外侧，吸气，提拉胸腔和脊柱向上，呼气，直背上体前屈，额头落于地板上，保持3～5次呼吸，吸气，还原（图7-30）。

图7-30　束角式

3. 站立前屈

站立，双脚并拢，吸气，双臂伸展过头，掌心向前，呼气，直背，上体前屈，收腹翻转臀肌向上，腹部贴靠大腿，双手落于两脚外侧，头颈放松，保持3～5次呼吸。如果腹部无法贴靠住大腿前侧，则直背屈膝抬头，静态保持（图7-31）。

图7-31　站立前屈

4. 下犬式

跪于垫上，双膝双脚分开与两髋同宽，手臂前伸，双手分开与肩同宽，吸气，脚趾蹬地，提起臀部，尾骨向上翻转，腿蹬直，双手推地，手臂伸展与脊柱呈一条直线，呼气，脚跟落地，尾椎骨继续向上推起，保持3～5次呼吸（图7-32）。

图7-32　下犬式

（三）站立的动作对骨骼的正常发育以及体形的塑造也是有影响的，如战士二式、战士一式、摩天式等

1. 战士二式

山式站立，两脚分开一腿宽，两臂侧平举，右脚尖外展，左脚趾内扣，屈右膝，同时，转头看右手指尖延伸方向，保持3～5次呼吸。吸气，头部回正，直膝，脚尖转回。换另一侧练习（图7-33）。

图 7-33　战士二式

2. 战士一式

山式站立，两脚分开一腿宽，吸气，双掌合十于头顶上方，右脚尖外展，左脚尖内扣，提拉脊柱；呼气，上身躯干向右转90度，屈右膝，直到大腿平行地面，小腿与大腿成垂直角度。抬头，眼睛看前斜上方，尽量伸展脊柱，保持3～5个呼吸。吸气还原。换另一侧练习（图7-34）。

图7-34 战士一式

3. 摩天式

双脚分开与肩同宽，双手手臂上举至头顶上方，十指相扣，吸气翻腕，两侧大臂在两耳外侧，脚跟慢慢向上抬起，立直背部，伸展全身，呼气，脚跟慢慢放平，双手手臂复位。保持3～5个呼吸（图7-35）。

图7-35 摩天式

青春期健身注意事项

1. 不宜盲目追求运动量

年龄处于青春初期的少年儿童，身体尚未充分发育：在生理方面，肌肉纤瘦、骨骼细弱、内脏器官不成熟；在心理方面，则是人小心大、自我估计不足。若是凭一时冲动或兴趣，骤然进行强度大、负荷重、对抗激烈的大运动量活动，会造成运动损伤，如骨折、肌肉拉伤、关节扭伤等。

2. 不宜缺乏针对性

人体各器官组织的发育都有各自的最佳期，健身锻炼应选择最有针对性的项目。如12～15岁（女11～13岁）是身高的突增期，平均每年增高7厘米，此时进行球类、游泳、奔跑等伸展性练习，有助于长高。又如15～17岁（女13～15岁）是肌肉迅速增长期，进行体操、负重等力量性练习，有助于强健肌肉。若是长高锻炼负重、长肌肉锻炼跑步，健身的效果将大为降低。

3. 项目不宜单一片面

各种运动项目对青少年健康发育都有优点和不足，应全面锻炼。一般说来，足球运动对下肢和心脏的锻炼效果较好，对上肢和躯干的锻炼效果就差些；进行器械体操运动时，上肢和躯干锻炼多，对心脏和下肢的锻炼相应较少。因此，根据个人的兴趣爱好特点，以一两项运动为主，辅以多项目的练习，是青少年进行身体锻炼的理想途径。

4. 不宜逆反“生物钟”

人体兴奋与抑制的生理和心理特征，和人们常说的“生物钟”有关。早晨 6 时、上午 9 时和下午 4 时以后是青少年进行健身锻炼并提高学习效率的最佳运动时间，运动量可根据当时的心理和生理状态自己把握。如果颠倒运动次序，扰乱“生物钟”，就会使内分泌和生活节奏不协调，于健康发育不利，于学习生活无益。

5. 不宜忽视运动环境

清静幽雅的运动环境是人体在运动过程中获得“吐故纳新”的良好条件。不注意运动条件和体育卫生的锻炼，会给身体带来危害，在尘土多、空气混浊的环境里运动，会妨碍肺泡的气体交换，造成人体供氧不足。

6. 不宜急起急停

自我控制能力较差，是青少年在进行健身锻炼时存在的主要缺点之一。有的人运动前不做准备活动，有的人在剧烈运动后不做整理活动，甚至在运动后大汗淋漓时，跑进室内后便马上就餐或学习，前者易造成肌肉、关节的拉伤和扭伤，并引起腹痛；后者则会因大脑缺血发生头晕、呕吐，甚至昏厥现象。此外，饭前饭后半小时内进行剧烈运动有碍消化。

第八章

开启运动模式，养成运动习惯

章节导语

美国心血管健康方面的专家杜莎认为，少量运动有好处，适度增加运动则效果更佳。最关键的是要行动起来，另外就是从现在开始。这听起来很简单，但对于那些久坐不动特别是因患抑郁症而不活动的人来说，似乎很难迈出第一步。于是有些人陷入了窘境：他们无法开始运动是因为没有精力，而他们没有精力是因为他们缺乏运动。把“开始”当成一种挑战来应对，再把“开始”慢慢养成“习惯”。你会发现，你越来越爱运动，越来越离不开运动，越来越快乐地运动、生活！

第一节 如何让自己动起来

运动可以立刻增加多巴胺的水平，对于大多数人来说，如果你坚持某种锻炼计划，脑细胞会迅速产生更多多巴胺受体，让你变得更积极。你正在建立新的神经通路，或者可能正在把废弃生锈的通路整修一新，而且只需一个星期的时间你就能形成一个习惯。

但统计资料显示，众多新的健身"计划者"在制订好新计划的两周内就会放弃锻炼，大约有 1/2 的人会在 6 个月到 1 年之内放弃。最可能的一个原因是，人们常常一开始就进行高强度运动，结果他们生理和心理上都感到很难受，所以就放弃了。人们从有氧代谢转变成无氧代谢的过程中感觉各有不同，但一旦过了这个极限后，几乎每个人在接受心理测试时都会有消极的感觉，而且自感用力度（Rate of Perceived Exertion，RPE）的评分等级提高了。这是你的大脑在警告你有应急情况。以上可能是多数人放弃运动的一个主要原因。

自感用力度（RPE）是一种衡量你的训练效果的指标。RPE 从 0 到 10，表示不同的训练程度（表 8-1）。

表 8-1 自感用力度

0～1	不需用力，轻松完成
2～3	轻度，在热身，伸展时的感觉
4～5	中级，呼吸加速，心跳稍微加快，感觉有点热
6～7	中高级，呼吸急促，出汗，还可以说话，但是越来越难
8～9	高级，呼吸非常急促，一次只可以零星地说一些词，想着还可以坚持多久
10	最高级，不能持续超过一分钟，不能说话。这就是你的极限

有氧代谢、无氧代谢

有氧代谢：一种长时间能量转换的模式，在氧气充足的条件下，机体分解能源，首先分解脂肪和储备的葡萄糖——以此向活跃的肌细胞提供能量。有氧代谢模式发生在低强度到中等强度的运动中，并可以持续相当长的时间。

无氧代谢：一种能量转换模式，在供氧不足的情况下，机体把脂肪和葡萄糖转换成可以利用的能源。当身体进行快速而剧烈的运动时，参与运动的肌肉所需的新鲜氧气量超过了血液的输氧能力，肌肉分解能源的效率开始降低。

当然，还有一种可能就是，你的基因天生就不喜欢运动。研究发现，基因变异会影响到你是否喜欢运动的感觉、开始运动后你是否能坚持下去，甚至影响到你是否能注意到情绪上的明显改善。在众多相关的基因中，研究人员重点关注一个与奖励及动机神经递质多巴胺有关的基因，一个控制脑源性神经营养因子（BDNF）表达的基因。多巴胺基因变异的人可能缺乏奖励突触，从而无法感受运动时的极度欣快感。另一种可能是，要是你的 BDNF 信号被关闭，那么运动改善情绪的效应就会变得缓慢。而运动可以成为一种自我强化的行为，一旦你做到了，大脑产生优质营养肥料的效率就会越来越高，它将帮助你战胜你的基因。实际上，基因只是一个极为复杂的方程式的一部分，而开始运动的你已经控制了这个方程式中的许多变量。

运动实验室：神奇的海马体

神经学家卡尔·科特曼发现，海马体有某种他称为能生产 BDNF 的“分子记忆”。在一个为期三个月的实验中，他测定实验室老鼠在各种不同运动习惯下 BDNF 的水平。得出，每日运动 BDNF 增加的速度要快于隔天的运动模式，两周后，这两种模式 BDNF 增加的量分别是 150% 和 124%。一个月以后，隔天运动组与每日运动组的效果并驾齐驱。当停止运动后，无论运动习惯怎样，只需两周就使 BDNF 降到基线水平。不过，让老鼠重新回到跑轮上仅两天，BDNF 又重新开始飙升（每日运动组是 137%，隔天运动组是 129%）。因此，每天锻炼当然最好，但即使是间歇性的锻炼，效果也是惊人的。另外，人们要认识到运动不是有或无的问题。如果你有几天没锻炼，哪怕是一两个星期，只要第二天你一锻炼，海马体就会快速产生大量的 BDNF。

养成运动习惯的最好方法之一，就是加入运动小组。社交互动的刺激让你的神经元开始产生前所未有的冲动，既难以捉摸又具有挑战性，不但能令人满足还让人感到愉快。当你把这种心理活动和运动的准备作用融为一体时，你就正在充分发挥大脑的生产潜能。运动把构建学习所需的材料准备就绪，而社交互动则把这些材料整合并固定到位。

无论是和朋友一起跑步、集体骑自行车或者与邻居一同散步，与其他人一起锻炼都要更容易些。例如，加入一个长跑小组或设定一个 10 千米慈善长跑的目标，然后与你的朋友们共同训练，这可以增加一种责任感，而且是一种很有效的推动力。并且，与其他人一起锻炼带给神经系统的益处还要多。对于完全不运动的人可以考虑聘请一段时间的私人教练，这样他们就更不太可能缺席健身课（不管是否按计划去上课，都要付费，所以钱是个巨大的外部动力）。把运动写进你的日程表里，不久之后，你的大脑就会把运动像刷牙那种日常行为一样归入你的常规事情中。如果你会很多种运动，那么你可以选择其中任何一种你想得到的运动项目。运动的魅力在于，你做得越多，你就相信自己会做得越多。

当然，如果你从未运动过，还有更为简单的方式，那就是——从行走开始。用走楼梯代替乘电梯，把车停在停车场最里面，午餐时间绕着写字楼散散步。这是几十年前被称为“日行万步”的健康行为，它鼓励人们用计步数的简单方法来计算每天的行走量。现在大家手机上的各种运动 App、微信、运动手环等，会报告我们每日的步行数。这种帮助人们养成运动习惯的方式并没有考虑走了多少距离。以平均 0.7 米的步幅计算，走 10 000 步差不多等于 8 千米。这是开始锻炼身体的一个聪明办法，甚至不用留出专门的走路时间，而且它很有效。就像用体重秤和心率监测仪指导你努力锻炼身体那样，计算步数有助于保持你的专注力和积极性，尤其当你知道你的身体和大脑在各种强度运动下会发生变化时。少量运动有好处，运动越多则效果更佳。

如果你设定了一个目标，但一周都坚持不下来的话，那是毫无意义的。2010 年一项针对 10 个不同研究的分析发现，改善心情、缓解压力的最有效的锻炼是每次 5 分钟，而不是每次几小时。所以，如果你只是花 5 分钟在小区里走走，不用觉得不好意思。身体和大脑是协调一致的，只要是你想做的，就是最好的起点。散步、跳舞、做瑜伽、团队运动、游泳、逗宠物，甚至是精神饱满地打扫房间或者逛商店，都可以是有效的锻炼途径。任何能让你离开椅子的活动，都能提高你坚持锻炼的意志力储备。

5 分钟“绿色锻炼”给意志力加油

科学家认为，5 分钟的“绿色锻炼”就能减缓压力、改善心情、提高注意力、增强自控力。“绿色锻炼”指的是任何能让你走到室外、回到大自然怀抱中的活动。短时间的爆发可能比长时间的锻炼更能改善你的心情。你用不着大汗淋漓，也用不着精疲力竭。低强度的锻炼，如散步，比高强度的训练有更明显的短期效果。5 分钟“绿色锻炼”可以尝试以下活动。

走出房间，找到最近的一片绿色空间。

播放一首你最喜欢的歌曲，在附近慢跑。

出去呼吸新鲜空气，做些简单的伸展活动。

在室外和孩子做游戏。

第二节 如何坚持适当的运动

是什么阻碍你参与体育活动

尽管研究者们已经证实体育活动有助于产生良好的生理和心理效应，

但实际调查却显示，有相当一部分人并没有参与有规律的体育活动。这一现象引起了很多体育心理学工作者的关注，为了让更多的人参加有规律的体育活动并产生与活动有关的良好的身心效应，研究者们开始分析是什么因素促使人们参与体育活动，又是什么原因阻碍他们坚持活动。

你是否也会这样说：“我没时间锻炼啊。”

很多人借口没有时间、没有精力，他们情愿拿出时间、精力来做与健康无益的事情，而不愿意从事对身心有益的体育活动。你可以告诉他，每周总共才三四个小时的锻炼时间，还占不到一个人全部清醒时间的4%，这比花在看电视的时间要少很多。

有些人会借口花费太大，事实上，很多形式的体育活动几乎不需要任何物质条件，只要有适当的身体条件就行。

有些人会说：“我的健康状况很好，没有必要锻炼。”但这不是不进行锻炼的理由，无论一个人自我感觉有多好，都有必要进行有规律的体育活动。

有些人觉得参加健身班或参加竞技项目会感觉尴尬。你可以帮他找一个身体状况相仿的同伴一起去。并且告诉他，其他许多人是以前就学过或练过的，他们去只是为了保持健康，你不用拿他们与自己比，你可以经常找到让自己坚持下去的理由。

有些人觉得运动就应该是穿上运动服、在操场上活动，可是运动场又太远，不方便。而事实上，体育活动可以在许多不同的地方进行，你可以因地制宜地做出选择。

影响坚持体育活动的因素有哪些

对许多人来说，开始锻炼难，坚持锻炼更难。影响锻炼坚持性的因素很多，大致可以归纳为两类：一类是个人因素，另一类是环境因素。

（一）个人因素

个人因素包括人口统计学变量、个体生理状况、个人行为以及个人的心理特征和状态。研究发现，受教育程度高、社会地位高、收入水平高、男性等因素与体育活动呈正相关；年龄与体育活动坚持性无显著相关性。不相信自己有健康问题或者认为自己心血管问题是由锻炼而引发的人，更容易退出体育活动。相反，相信自己有健康问题的个体更倾向于坚持体育活动。一般来说，主动参加体育活动的个体比被动参加有监督活动的个体坚持锻炼的时间更长。这说明活动坚持性同参与锻炼的性质（被动、主动）有关，参与活动越主动，坚持的时间就越长。反之，参与活动越被动，退出率越高。

在选择和维持体育活动时，对体育活动产生障碍的潜在因素之一是个人不利于健康的行为，如物质滥用。以吸烟为例，一般来说，吸烟者的生活比较安静，锻炼少，强度小，而且比不吸烟者更快放弃新的活动内容。有研究显示，吸烟者的活动退出率是不吸烟者的 2.5 倍，吸烟对于大强度活动或低强度高频率的体育活动起到直接的阻碍作用。

某些人格特征与体育活动的启动和坚持有关。如自我效能、自我动机、独立性、控制源等。自我效能可以准确地预测个体体育活动的坚持情况，自我激励得分低的人更容易在体育活动中退出，A 型人格的人有从体育活动中退出的倾向，独立性强的个体更能坚持活动，内部控制型的人比外部控制型的人更能坚持体育活动。此外，社会体格焦虑也影响着体育活动行为的各个方面。社会体格焦虑是指个体过分担忧他人对自己体格的评价。一些研究发现，高社会体格焦虑的参与者具有较高水平的与身体外形有关的锻炼动机。社会体格焦虑也会影响人们参加活动的方式和乐趣，如肥胖者可能会选择个体性的活动项目（如跑步等）。也有些人会因为担心被视为超重、不协调、体格不佳、体形不美，而不愿参与体育活动。

（二）环境因素

社会环境因素是影响锻炼坚持性的重要原因之一。一些研究发现，大多数个体不喜欢自己单独锻炼。据调查，有配偶或家庭支持的成年人，比那些没有家人支持的个体更能坚持活动。这表明家庭的支持能够促使家庭成员积极参与体育锻炼。也有一些研究证实，获得父母、社会支持的儿童，其体育活动的坚持性要比没有获得父母和社会支持的儿童来得高。因此，家庭教养方式也是预测体育活动坚持性的一个指标。

体育活动指导者也是一个不可忽视的社会环境因素。尽管一名高水平的体育活动辅导员似乎不是影响坚持性的主要因素，但是没有亲和力的、专业知识欠缺的指导员必然对实施活动方案不利。与那些受到指导者关注的人相比，感觉自己不受重视的人退出体育活动的可能性要高一倍。很多参与体育活动的人表示，好的指导员是进行科学运动不可或缺的因素之一。

活动场所是否方便、活动设施是否健全和安全是影响活动坚持性的重要因素之一。对于有规律的体育活动者来说，有个适宜的健身场地非常重要，很多人退出体育活动就是由于活动场所的不便。但是，有的时候，还是要区分出，究竟是主观感觉到活动场所不便，还是活动场所确有不便。

近来的研究发现，当个体以 50% 或未超过他们的有氧能力的负荷量来从事体育活动时，活动的坚持性最高。此外，一次活动的持续时间对活动坚持性也有显著影响。往往持续时间越长，退出活动的百分率越大。因为，对一些平时不活动的人来说，当他们开始活动时，往往倾向于过度训练，但这容易引发并发症，导致运动损伤，并增加退出率。

我们的建议是，如果你从未运动过，而且生活中还有许多其他压力，那么循序渐进地开始锻炼则至关重要；另外，社会支持对大脑极为有益，它既可以预防压力所带来的消极影响，又为运动强化神经生长系统清除障碍，所以保持人际交往可以维护神经元的连接；如果你能坚持按时锻炼，你的整个系统会自我调节以充分利用运动。总之，大量研究认为，运动刚开始的 4 周内，每次运动的持续时间相对要短，运动强度相对要小，这样才有利于人们坚持下去。

第三节 杜绝锻炼成瘾

“过犹不及”，对体育活动一旦产生强迫、依赖、着迷、成瘾等特殊感觉，产生消极效应的可能性也会增加。20 世纪 50 年代，跑步在当时的欧美是一种时尚，人们对跑步的热衷达到了盲目的地步。当时社会流行的口号是“生活就是为了跑步”，很多人片面夸大了运动的价值，忽视了科学的方法，结果导致很多人产生锻炼成瘾（exercise addiction），给个人、家庭造成了不利影响。

锻炼成瘾是指对有规律的锻炼生活方式的一种心理生理依赖。根据一些学者的阐述，锻炼成瘾是对体育活动的一种强迫性冲动，个体具有强烈的参与体育活动的渴望，逐渐将所从事的体育活动变成一种无法控制的过度的锻炼行为，由于这种行为可能包含身体疲劳与心理病态，所以通常被认为是不健康的行为。

锻炼成瘾者更容易产生运动损伤，因为锻炼成瘾的人会不顾身体不适、个人不便或者运动对他们生活其他领域的一些扰乱而继续运动，进而导致运动伤害的出现。一旦锻炼成瘾，如果锻炼计划受阻，当中断锻炼超过一定时间，锻炼者还可能会出现便秘、失眠、饮食失调、注意力涣散、抑郁、焦虑、易怒、肌肉痉挛、全身发胀和神经质等症状。这些症状只是在被某些原因阻止（如伤病、工作、家庭事务等）而不能锻炼时才出现，如果是为了休息一两天而停止运动则不会出现上述症状。

研究发现，跑步依赖者与跑步的距离和频率相关。参加超级马拉松和马拉松的运动员在锻炼成瘾调查中的得分高于参加 5 千米跑的一般锻炼者和运动员。从运动项目上看，舞蹈演员比跑步者和曲棍球活动者的锻炼依赖性更显著。不管是跑步者还是参加其他活动的锻炼者，参与锻炼的时间越长，就越可能成为锻炼成瘾者。

从性别上看，男性锻炼者更有可能成为锻炼成瘾者，原因是男性锻炼者有更强的竞争意识和高度的成就需要。男性的锻炼成瘾倾向与完美主义及强迫性人格特质有关。锻炼成瘾与自尊呈负相关，与焦虑呈正相关。

女性锻炼者参加活动的动机主要是控制体重、增加人际交往和提高应对技能，因此很少有可能成为锻炼成瘾者。当然，也有研究发现，锻炼成瘾与饮食紊乱的女性的运动依赖、关注体重、强迫观念与行为的人格特质之间有显著关系。在饮食正常的高运动水平的女性中，体育活动量和强迫观念与行为之间也有显著关系。从年龄上看，年轻人更容易锻炼成瘾。

如何预防锻炼成瘾？

1. 尽量采用不同形式的运动来满足运动需求，避免长期从事同一种运动。

2. 在两次运动之间安排合理的休息时间，避免身心疲劳。

3. 尽量参加一些集体性的运动，降低焦虑和提升自尊，防止因独处而产生的负面情绪。

4. 尝试学习有效的压力管理技巧，如放松、瑜伽、太极或冥想等。

第四节　管住嘴方管住心：吃什么也很重要

饮食是生命存在的基础，忽视了这个基础，就不可能获得美好的生命。为了达到心灵的宁静与自然，推荐我们日常饮食按照瑜伽的饮食观进行合理摄取。传统瑜伽倡导以素食为主的饮食原则，这与现代流行的营养理念并无实质性冲突。一般营养学关注的是身体健康，而瑜伽在关注身体健康的同时，更关注心灵的纯洁和宁静。瑜伽的饮食观，体现了健康、文明、环保的生活法则，对促进个体健康和环境改善均有重大意义。希望热爱健康、热爱生命的你，根据自身的具体情况，从调整饮食开始，翻开生活的新篇章。

食物的分类

在传统瑜伽的理论中，将食物分为三大类：惰性食物、变性食物、悦性食物。

惰性食物包括一切肉类等所谓的荤腥食物，洋葱、芥末、葱、蒜等带有辛辣刺激性的食物，一切不新鲜、陈腐的食物。瑜伽理论认为，惰性食物容易引起身体疾病和心灵迟钝，对身心两方面都有害无益。食用惰性食物后很长一段时间会感到积滞怠惰，性情也容易激动暴躁。从人类的牙齿、喉咙到消化系统的各种特征来看，人类天性就不是趋向于肉食的。

变性食物，一般指烹饪时加入了过量调味品的食物，如添加了过多的酱油、香料、食盐以及辣椒的食物（悦性食物之列的也不例外），还包括浓茶、汽水、巧克力、可可等饮料和零食；白萝卜、海带也属于此列。变性食物虽然能为身体带来能量，但并不有益于心灵，因此不宜多吃，否则等同于食用惰性食物。

悦性食物包括一切水果、坚果、豆制品、牛奶和乳类制品、谷类制品，大部分的蔬菜（有些蔬菜属于惰性食品，如洋葱），温和的香料和适量浓度的绿茶等。悦性食物创造出更精细的、更敏锐的肌体和精神系统。这些食物营养丰富，烹饪方法简单，能使身体变得健康强壮、精力充沛，此外还拥有更清晰的思维能力，内心也更容易充满安宁和平静。

饮食的四大法则

1. 食用悦性食物

在现代人中普遍存在营养过剩的情况，肥胖症、冠心病、高血压、糖尿病等各种慢性疾病呈快速发展的趋势。这些疾病与饮食上偏重于肥甘厚味有关，因此又有“富贵病”之称。于是，很多人把素食作为自己的健康选择。

素食也分为两种：严格的素食（或纯粹素食）和非严格的素食。严格素食是指饮食中只有植物性食物，没有任何动物性食物，主要指用蔬菜（含菌类）、果品和豆制品、面筋等制作的素食。非严格素食是指包括奶、蛋的素食。

2. 烹饪方式以蒸、焖、煮的方式为主

蒸、焖的烹饪方式能减少食物营养成分的流失，使营养成分容易被人体吸收。用煮和炒的方式也可以，但反对用炸的方式，而腌菜、风干菜和罐头食品（属于不新鲜的惰性食品）尽量不要食用。

3. 饮食适量

人体内的新陈代谢不断进行，但是有一个基本规律，就是先有能量的消耗，然后才有能量的吸收。因此，只有吸收的能量与消耗的能量相当，才是最健康的状态。基于这个原则，瑜伽理论既反对饮食过量，也反对饮食过少。

4. 为身体补充足够的水分

水对于生命具有重要意义。它是人体血液和淋巴液的主要成分，负责向人体各部分输送养料，并帮助清理生理活动中的废物。饮水不足，血液和淋巴液得不到新鲜液体，就会反复使用现有的液体。这种带着废物的液体就往返循环，导致血管壁弹力降低，并且对心脏和大脑造成损害，从而为某些疾病大开方便之门。因此，补充足够的水分至关重要。

素食者营养要点

素食虽给人们的健康带来相当多的益处，但也有其自身的局限性。长时间进行严格素食的人不但蛋白质与脂肪的摄入量偏低，而且容易引起营养不良，出现贫血、脚气病、夜盲症、牙龈出血等现象。因此，从营养均衡的角度看，接受蛋类、奶类的非严格素食要比严格素食好。因为蛋类和奶类可以补充人体所需的优质动物蛋白，完善人体的营养成分。特别是儿童、孕妇、哺乳期妇女，体弱者不要坚持严格素食。

此外，素食者还要经常运动，多喝水，多晒太阳，这样能帮助身体更有效地利用素食的营养成分。另外，素食者须注意补充以下营养素：维生素 B_2、维生素 B_{12}、维生素 D、维生素 A、钙、锌、铁等。

参考文献

1. 约翰·瑞迪，埃里克·哈格曼 . 运动改造大脑［M］. 浦溶，译 . 杭州：浙江人民出版社，2013.

2. 凯利·麦格尼格尔 . 自控力［M］. 王岑卉，译 . 北京：文化发展出版社，2017.

3. 季浏，殷恒婵，颜军 . 体育心理学（第三版）［M］. 北京：高等教育出版社，2016.

4. B.K.S. 艾扬格 . 艾扬格瑜伽［M］. 莫慧春，译 . 天津：天津社会科学院出版社，2011.

5. 方富熹，方格 . 儿童发展心理学［M］. 北京：人民教育出版社，2005.

6. 戴晓阳 . 常用心理评估量表手册［M］. 北京：人民军医出版社，2010.